UMA VIAGEM SÓ

O Antiguia Peregrino do Caminho de Santiago

Serge Rehem

Os personagens e eventos retratados neste livro são baseadas na vida do autor e sua experiencia no Caminho Central Português de Santiago de Compostela. Qualquer semelhança com outras pessoas reais, vivas ou falecidas, é coincidência e não é intencional por parte do autor.

ISBN: 9798485723453

Design da capa por: Ronaldo Scotti e Lucas Hobolt

Onde dará esse meu caminhar?

Em que ponto do espaço pretendo chegar?

A Denilson e Lica, meus pais e fundadores do grupo Borandar.

Foram vocês que me fizeram gostar de caminhar.

AGRADECIMENTOS

A todos os peregrinos e suas histórias que motivaram a escrita deste livro.

Aos cerca de 100 leitores que deram seu valioso feedback a cada novo capítulo totalmente cru que ia sendo escrito.

A minha esposa Larissa e meus filhos Andrei, Bruno e Iane, por aturarem e até incentivarem minhas doidices.

Aos meus irmãos, familiares, colegas e amigos que ainda estão comigo na jornada, e também aos tantos que cruzaram meu caminho em algum momento.

Um obrigado especial a Bruno e Dudu, filho do meio e sobrinho, os jovens empreendedores que fizeram a revisão e me ajudaram na publicação deste livro.

A Camila, pela "pergunta que disparou tudo" e por me ajudar e encontrar meu lugar no mundo.

ÍNDICE

MAIS UM LIVRO SOBRE O CAMINHO?

Este não é mais um guia de preparação para o Caminho de Santiago de Compostela.

Nem é só uma viagem sobre mochilas, albergues, botas, bolhas no pé, pedras, cruzes, fé religiosa ou encontros místicos, embora tenha um pouco disso tudo.

Essencialmente este é um livro de HISTÓRIAS.

Sobre os meus próprios fantasmas. Sobre relatos que escutei e experiências que construí com os peregrinos do Caminho.

Em cada capítulo deste Antiguia, você caminhará ao nosso lado nessa teia de histórias cruzadas e coincidencias inusitadas.

Buen Camino.

UMA VIAGEM SÓ

Por que você não faz alguma coisa só sua, uma viagem só, por exemplo?

Quando Camila me fez essa pergunta "simples", as palavras não saíram.

Recostei no sofá tentando achar uma resposta, enquanto ela observava as minhas reações corporais, como já era de costume.

Depois de um tempo escutando o meu silêncio, ela quis saber:

- O que você está sentindo?

Mais alguns demorados segundos se passaram, até que entendi o que se passava comigo e respondi:

- Medo. Eu estou com medo.

Eu tinha acabado de perceber que até então eu nunca havia estado REALMENTE sozinho.

E que nunca tinha nem de longe cogitado a possibilidade de fazer uma viagem comigo mesmo.

Prometi a Camila que ia pensar no assunto, e trabalharíamos

mais essa questão em outras sessões.

Há 6 meses eu havia começado com ela um processo terapêutico que já tinha ajudado bastante a descortinar a minha confusão mental inicial.

Em uma das nossas sessões mais poderosas, Camila simplesmente sentou-se à minha frente e olhou fixamente nos meus olhos, em completo silêncio.

Isso durou intermináveis minutos e, como eu disse a ela, me deixou bastante desconfortável.

Fomos para a segunda rodada, ela mudou um pouco sua postura e expressão facial.

Isso foi me deixando mais confortável, menos intimidado, mais acolhido...

Até que eu SENTI o exato momento em que eu....

CHEGUEI.

Eu tive uma sensação física, como se minha alma tivesse acabado de se conectar comigo novamente.

Ao final, Camila me explicou o verdadeiro propósito desta dinâmica:

VIVER O PRESENTE

Até este dia eu estava perdido entre problemas ainda não resolvidos do passado e expectativas ainda não realizadas para o futuro.

Esse "viver no ainda" nos gera um infinito espectro que passa por emoções de todos os tipos...

Raiva, culpa, ansiedade, frustração, decepção, depressão, medo, tristeza, sonhos, desejos, ambição, alegria, euforia, gratidão, felicidade...

E o presente é o barco que navega oscilante nesse mar de sentimentos contraditórios que misturam o ontem, o hoje e o amanhã.

Voltemos então à pergunta inicial:

"Por que você não faz alguma coisa só sua, uma viagem por exemplo?"

A primeira resposta eu já tinha:

- Porque eu tenho medo.

Só que ainda restavam muitas outras em aberto:

- Por que eu tenho medo?
- Do que eu tenho medo?
- Eu realmente quero fazer uma viagem sozinho?
- Para onde eu irei, quanto tempo vai durar?
- O que eu quero aprender com essa experiência?

Em outubro de 2017 eu saí daquela sessão com o gostoso desafio de encontrar essas respostas.

Sim, com uma ponta de ansiedade. Mas eu não estava com pressa.

Eu já vinha aprendendo a viver no presente.

Eu tinha confiança que no momento certo as respostas apareceriam naturalmente.

DE ONDE VEM O MEDO?

A questão do medo que eu sentia foi ficando mais clara.

Eu sou o mais velho de 3 irmãos.

Quando eu tinha 8 anos e minha irmã tinha 5, a família recebeu nosso irmão mais novo.

Era dia 24 de dezembro de 1981, comemorávamos o Natal quando eles saíram para o hospital.

E voltariam com um bebê de presente :D

Apesar de eu não ter registros de brigas ou desrespeitos, 3 meses depois meus pais se separaram.

Aconteceu de uma forma amigável, ao ponto deles irem juntos (comigo, inclusive) escolher apartamento para meu pai morar.

Apesar disso, não posso dizer que foi fácil.

Lembro até hoje no dia que eles me deram a notícia.

Os dois já haviam tocado no assunto "separação" uma vez, mas eu não quis dar ouvidos.

Nesse dia não teve jeito.

Morávamos numa casa na Rua Alagoinhas no Rio Vermelho, em frente à famosa Casa de Jorge Amado.

Os dois vieram sérios me dizer que tinham um assunto importante.

Eu acho que já sabia o que seria.

Meu pai me levou para um gabinete nos fundos, tinha uma mesa grande antiga de madeira trabalhada, com um tampo de mármore branco.

Sentei no colo dele, que me contou a decisão que haviam tomado.

Havia amor entre eles, mas não mais como marido e mulher.

Nessa hora eu estava de costas para ele...

.... os dois em silêncio, chorando baixinho.

E aconteceu uma cena que nunca sai da minha memória.

Vi uma lágrima pesada do meu pai cair no meu joelho, e a senti escorrer lentamente pela minha perna.

Foi aí que me dei conta: "é a primeira vez que vejo ele chorar".

A separação aconteceu, eu e meus irmãos ficamos com minha mãe.

E passávamos fins de semana alternados com meu pai.

Pouco tempo depois fomos morar num apartamento de 3 quartos na Av. Paulo VI, na Pituba.

Meu irmão, com pouco menos de 1 ano, já dividiria o quarto comigo.

E minha mãe, com mais de 30 anos, separada e com 3 filhos para criar, tinha todo direito de viver a vida, sair, namorar.

Foi assim que eu tive que amadurecer tão cedo, e passei a ser o "hominho" da casa.

(Tenho uma tia muito querida que até hoje me chama assim, de "hominho" rsrsrs)

Não dá para contar agora tudo o que aconteceu na minha vida, mas vou destacar alguns fatos marcantes (voltarei a alguns deles outras vezes):

- Aos 18 anos eu começaria a namorar com Larissa, colega de Maristas que conheci no 3o ano (ela era de outra sala), com quem hoje (aos 44) estou casado.

- Aos 42 anos de idade minha mãe faleceu, após 3 meses da descoberta de um câncer fulminante de pulmão. Eu estava prestes a completar 20 anos de idade. E fui eu que atendi a ligação do consultório médico convocando a família para tratar de um "assunto sério" sobre ela. Eu senti que lá vinha bomba. Não deu outra.

- Quando eu tinha 20 anos fomos todos morar com meu pai, que já estava casado pela 2a vez.

- Até meus 29 anos, continuei dividindo quarto com meu irmão até sair de casa para morar com Larissa. E dividir quarto com ela.

- Hoje temos 3 filhos que muito nos orgulham: Andrei (16 anos), Bruno (13) e Iane (9). E a casa vive cheia.

Agora você deve entender melhor porque estar sozinho era algo totalmente desconhecido para mim.

Eu descobri então que eu tinha simplesmente...

MEDO DE ESTAR SÓ.

Medo de TER que falar com as pessoas.

Medo de DIVIDIR espaços com estranhos.

Medo de pedir AJUDA.

Medo de sentir SOLIDÃO.

Medo de ter MEDO.

Foi muito bom para mim ter consciência desses medos.

Isso me ajudou a ter MAIS VONTADE de viver a experiência de ficar sozinho.

Já estava decidido: Eu VOU fazer uma viagem sozinho.

Eu só ainda não sabia **quando, onde, como, e por quanto tempo**.

Pensei em viajar para pegar onda de bodyboarding, em ir a algum show de Rock, passar um tempo na Chapada Diamantina (que todo mundo diz ser um lugar "mágico")...

... mas nada me brilhava os olhos nem fazia palpitar o coração.

E assim foram se passando as semanas, que viraram meses...

... até que precisamente no dia 03 de março de 2018 veio A RESPOSTA.

A DECISÃO DE FAZER O CAMINHO

Era véspera de aniversário do meu pai, Denilson Rehem, que faria 72 anos.

Desde que eu me entendo por gente tenho lembranças de vê-lo "fazer cooper" todos os dias.

Há alguns anos ele e esposa criaram um grupo de caminhada chamado BORANDAR, para um público na maioria acima dos 60 anos.

Já organizaram dezenas de caminhadas em diferentes regiões da Bahia. Eu já participei de algumas delas, são muito legais.

Então... em ocasiões como Dia dos Pais ou o aniversário dele, meu pai gosta de combinar uma caminhada no Parque de Pituaçu.

Saímos pontualmente (ele é super-exigente com isso!) às 7:30h da manhã de sábado, num grupo de 13 pessoas.

Os "borandantes" no Parque de Pituaçu, iniciando a caminhada de aniversário de Denilson (meu pai), o primeiro à direita.

Seriam 15 km, num bate-volta até a metade do circuito (dizem ser mais seguro do que dar a volta inteira).

Acontece que a maior parte do grupo parou no Km 5 para tomar uma água de coco, e resolveram voltar deste ponto.

Eu e ele continuamos juntos de acordo com o plano (isso para ele também é fundamental, acho que ele curte o planejamento tanto ou mais do que a execução).

Resultado: tivemos uma ótima caminhada de mais 10 km juntos, só nós dois.

Era aniversário dele, mas fui eu que recebi esse belo presente.

Conversamos diversos assuntos, até que eu pedi a ele para me falar um pouco mais sobre O Caminho de Santiago.

Ele e Lica, minha madrasta, já haviam feito no ano 2000 o Caminho tradicional Francês.

Acompanhei um pouco do processo, e percebia o entusiasmo dos dois, quando fui levá-los ao aeroporto.

E lembro que na época eu ficava pensando algo assim:

"O que leva uma pessoa a querer caminhar quase 30 km por dia, durante tantos dias, dormindo em albergues desconfortáveis ouvindo roncos? Não deve ter a menor graça, eu é que nunca vou fazer isso!".

Há cerca de 8 anos atrás, eles também fizeram um outro caminho menos frequentado e mais curto, o Caminho Português.

Naquele momento, caminhando juntos, me bateu uma súbita curiosidade em saber mais, especificamente sobre o Caminho Português...

... cerca 250 km
.... em torno 10 dias caminhando
.... 5 dias em Portugal (boa comida, mesma língua!).....
..... 5 dias na Espanha (boa comida, língua parecida!)......
.... a coisa foi ficando CLARA na minha cabeça até que eu o interrompi e disse:

"Está decidido! Eu não sei exatamente quando, mas eu vou fazer o Caminho Português de Santiago de Compostela. E você vai ser meu orientador."

Dizem que "O Caminho de Santiago começa na decisão de fazê-lo".

Assim começou O MEU CAMINHO.

E nos próximos capítulos você está convidado a vir comigo nessa jornada.

Eu e meu pai, ao final dos 15 Km da caminhada, e pouco depois da minha decisão de fazer o Caminho Português de Santiago de Compostela.

CONTAR A NOTÍCIA

Ao final da caminhada de aniversário de meu pai no Parque de Pituaçu, tivemos um encontro de família e amigos ali mesmo, em um barzinho do Parque.

Assim que Larissa chegou com Andrei, Bruno e Iane eu tratei logo de contar a minha decisão de fazer o Caminho Português de Santiago.

Na verdade, ela própria de 5 anos pra cá já havia inaugurado esse modelo de "viagens solo", indo a Miami e Portugal com sua irmã e suas primas, as "*Guanashians*" (um trocadilho do sobrenome Guanaes com as irmãs *Kardashians*, reality show americano de sucesso mundial).

Depois ela descobriria uma nova paixão pelo ciclismo, influenciada por duas amigas do trabalho, e ainda em 2017 faria um Cicloturismo pelo sul da França. E já estava se animando para o segundo, em 2018.

Confesso que eu, que sempre defendi com "unhas e dentes" que todo relacionamento precisa respeitar o espaço individual, fiquei um pouco incomodado com essas viagens.

Acho que era uma ponta de ciúmes misturada com aquela chamada "inveja branca".

Apesar disso, procurei dar força e cuidar da casa e das crianças para que ela pudesse curtir com as Guanashians e com os ciclistas.

E sou testemunha sobre o quanto essas viagens tem feito bem a ela, que inclusive já começava a me provocar: "você deveria fazer o mesmo, por mim está de boa".

Convenhamos, não é muito comum que as esposas digam ao marido: "Você pode fazer uma viagem sozinho, está tudo bem!".

Eu secretamente ficava pensando... "está tudo bem MESMO ou isso é alguma espécie de pegadinha"?

Ela já sabia da provocação que Camila havia me feito, sobre fazer algo sozinho, então confirmou a minha expectativa e me deu todo o apoio quando contei sobre Santiago de Compostela.

Estou fazendo questão de reforçar a importância de ENVOLVER o nosso companheiro ou companheira em todo o processo.

Se você vai fazer o Caminho sem ele ou ela, isso tem que ser muito bem conversado.

Talvez, inclusive, repensar o seu relacionamento com esta pessoa seja uma das suas principais razões para fazer o Caminho... não sei....

Só tenho convicção que fazer o Caminho de Santiago é uma experiência que vai mexer com você.

E se mexe com você, por tabela também vai afetar aqueles que te cercam.

Eu e Larissa temos um relacionamento longo que, como todos, passa por altos e baixos.

Tivemos a famosa "crise dos 7 anos", o que ocasionou um término de 6 meses na época de namoro, em um período turbulento que deixou sequelas, mas que não foi suficiente para nos separar definitivamente.

Fomos morar juntos, vieram os filhos, as contas a pagar, a busca por melhorar de vida, a rotina, o foco nos filhos e o perigoso descuido consigo mesmo e com o parceiro.

Em 2011 estourou uma outra forte crise que quase acabou em separação, justo quando ela estava grávida de Iane, e pouco tempo depois de perder a mãe após um letal câncer no cérebro.

E, para piorar, eu vivia um momento de séria frustração e angústia no trabalho.

Tudo ao mesmo tempo.

Seria a temida "crise dos 40" que chegou um pouco antes, aos 37?

Acredito que muitos casais não teriam resistido, mas a gente optou por permanecer juntos, fazendo uma coisa que, pelo menos eu, já deveria ter começado há muito mais tempo.

BUSCAR AUTOCONHECIMENTO.

Por mais que seja difícil encarar nossos problemas de frente e sermos mais abertos com relação ao que estamos sentindo, isso tem nos tornado melhor como pessoas.

E como casal.

É possível que neste momento exista algo em sua vida que te incomode, que te faça infeliz, e que você não tenha coragem de compartilhar com a pessoa que está ao seu lado.

Eu sei, não é fácil, principalmente para nós homens que em geral detestamos "discutir a relação", temos PAVOR de D.R.

Mas esse modelo de "homens que não falam dos seus sentimentos" de um lado, e "mulheres poderosas e auto-suficientes" de outro, parece estar contribuindo com o colapso dos relacionamentos.

Ninguém mais tem PACIÊNCIA para enfrentar as tempestades, e tudo fica muito descartável e, creio, VAZIO.

Então, foi naquela manhã do dia 03 de março, após caminhar 15 Km com meu pai, que eu consegui o consentimento (e o apoio!) de Larissa para fazer sozinho o Caminho de Santiago.

Esse "espaço individual" precisa ser conversado e conquistado no dia a dia, nas pequenas coisas, na aceitação que nosso parceiro não é nossa propriedade.

Muito mais do que consentir, nós devemos nos envolver, perguntar, se interessar pelo outro, VIBRAR juntos.

Pois a felicidade do outro é também a nossa felicidade.

Acho que aí é que reside o amor.

COMPRAR AS PASSAGENS

"E o Santo Cristo não sabia o que fazer.

Quando viu o repórter da televisão

Que deu notícia do duelo na TV

Dizendo a hora e o local e a razão"

-- RENATO RUSSO

O local e a razão eu já tinha.

Faltava a hora.

A partir daquele dia 03 de março de 2018 eu comecei a buscar mais informações sobre o Caminho de Santiago.

Esse processo de pesquisa é uma parte muito gostosa.

Cada livro, artigo, vídeo, conversa, cada novo pedaço de informação nos faz criar uma imagem sobre como será a nossa experiência.

Ou melhor, como QUEREMOS que seja.

Nesse primeiro momento, a minha principal decisão seria QUANDO fazer o Caminho Português.

Logo descobri que de Julho a Agosto são meses muito concorridos, porque é verão (muito calor!) e também período de férias na Europa.

Como eu não gosto de viajar na "muvuca", como se diz na Bahia, descartei imediatamente esses 3 meses.

Os meses de maio e setembro foram eleitos os meus preferidos, só que o primeiro estava muito em cima, então fiquei com duas opções: setembro de 2018 ou maio de 2019.

Eu tinha também outra decisão a tomar.

A partir de Porto, o Caminho Português tem duas variantes: O Caminho da Costa ou o Caminho Central. Esses caminhos se encontram em Valença, a última cidade portuguesa.

Atravessar Portugal caminhando à beira da praia me agradava, já que pego onda de bodyboarding desde os 12 anos. Tenho uma história de amor com o mar.

Por outro lado, o Caminho Central é mais antigo, mais tradicional, mais bem estruturado. E foi o trecho que meu pai fez.

Falando nele, sua primeira recomendação foi ler 2 livros antigos sobre o Caminho:

"Santiago de Compostela: Manual do Peregrino", de Lairton Galaschi Ripoll, e "O Diário de um Mago", de Paulo Coelho.

O primeiro é mais técnico, o segundo mais místico. Ambos tratam da rota mais popular, o "Caminho Francês", que parte do sul da França, em uma cidade chamada Saint Jean Pied De Port.

Eu já havia lido o Diário de um Mago há muito tempo atrás, mas não me lembrava de nada a não ser que esta obra é considerada uma das maiores razões para a "redescoberta" do Caminho a partir dos anos 90.

Ler talvez seja o meu maior "vício", então devorei os dois livros em poucos dias, mesmo sabendo que seguiria uma rota diferente pelo Caminho Português.

Além de entender melhor a história do Caminho de Santiago (vamos falar disso mais para frente), essas leituras me deram a primeira grande lição:

Tudo o que acontece depois da decisão de ir é parte do Caminho.

Eu ENTENDI que o Caminho já havia começado.

Então, ao invés de me apressar para querer decidir tudo rápido, eu passei a saborear mais todo esse processo de preparação.

No momento certo eu SABIA que faria as melhores escolhas.

Na hora certa *alguma coisa* iria me ajudar a decidir Onde (Caminho Central ou da Costa?) e Quando fazer o Caminho.

Por falar em escolhas, essas aí eram "fichinha" comparadas às outras que eu vinha enfrentando nos últimos meses.

Por isso, agora é importante que você entenda um pouco melhor o meu contexto.

E já já eu volto para o Caminho de Santiago, prometo.

MINHAS ESCOLHAS PROFISSIONAIS

Trabalho há mais de 20 anos em uma empresa pública de tecnologia da informação.

Já tive (e aproveitei!) imensas oportunidades de crescimento profissional e financeiro, atuando em diferentes áreas e funções.

Gosto do que faço, já participei de um monte de projetos legais, mas SEMPRE tenho projetos ou atividades paralelas.

Já passei pelo bodyboarding (com amigos, fundei uma Escolinha que depois viraria Associação 360 Graus), comunidades de Tecnologia (liderei o Java Bahia) e Métodos Ágeis (Maré de Agilidade e Linguágil) Marketing Digital (Marketing4Nerds e OrbitPages).

Seja organizando eventos, palestrando, escrevendo em blogs, ministrando treinamentos, eu estou sempre me auto-desafiando, buscando e compartilhando novos conhecimentos.

Mas isso tem um preço: TEMPO.

Para dar conta disso tudo, em algum aspecto a nossa vida vai ficar desequilibrada.

E uma hora essa conta chega.

Até 2011 tudo vinha *aparentemente* bem, quando minha vida profissional e pessoal deu um *crash* monumental.

Era véspera de eu sair de férias, quando (sem aviso prévio) recebi uma ligação do meu chefe.

Ele dizia que por decisão da diretoria, o projeto que eu liderava mudaria de área. Tirando eu, as 5 pessoas da minha excelente equipe seriam transferidas.

Na semana seguinte os novos "donos" viriam a assumir o comando.

Mudanças são normais na empresa, estou acostumado com elas, mas é que esse projeto estratégico vinha dando ótimos resultados.

Eu tinha razões concretas para acreditar que o projeto estaria em risco, pois a nova equipe não tinha ainda o perfil adequado para tocá-lo.

Para piorar: esses novos "donos" eram supostamente meus amigos. Poderiam ter me envolvido, ou pelo menos me avisado.

Antes de sair de férias conversei com a equipe e pedi que eles colaborassem com a transição. Apesar de perplexos e chateados, são profissionais excelentes e eu sabia que dariam o seu melhor.

Também falei com meu chefe imediato e coloquei meu cargo à disposição. Eu não teria quem chefiar, e não via perspectivas de formar um novo time em curto prazo. Não fazia sentido ser um cacique sem índios.

Quando voltei de férias, depois de alguns dias de muita treta (até fui parar na frente do presidente da empresa, em Brasília), consegui demonstrar os riscos que o projeto corria se tudo mudasse de forma tão brusca.

A decisão de "transferir todo mundo menos eu" foi temporariamente suspensa. Arranjamos uma solução de contorno, um repasse responsável realizado em um processo de " transição a 4 mãos".

Quatro meses depois, finalmente o projeto e 2/3 da minha equipe foram transferidos.

E logo na semana seguinte, eu e os que "sobraram" assumimos um novo projeto estratégico bem legal. Os resultados vieram rápido e nos deram mais ânimo e visibilidade.

Todo esse processo, porém, me deixou muito mal. Foi a primeira vez que me senti realmente vulnerável, e minha dignidade profissional foi afetada.

Foi então que percebi que eu precisava de um Plano B, uma fonte auxiliar de renda para não depender de função comissionada para manter meu padrão de vida.

E muita coisa aconteceu de lá pra cá:

Fundei uma transportadora em 2012 com um amigo - que já saiu da sociedade - e um primo (Ela quebraria feio em 2016, mas isso é assunto para outro momento).

No final de 2013 comecei a estudar Marketing Digital por influência do meu irmão Léo, e em 2014 criei o blog Marketing4 Nerds.com, onde compartilho meus aprendizados através de conteúdos gratuitos e alguns cursos pagos.

Ainda "inventei" de aprender baixo por influência de um amigo que compõe e toca guitarra. Assim nasceu a banda Os Normandos. Até fizemos alguns shows (90% de músicas próprias), mas há 2 anos o vocalista foi morar um tempo em Portugal e a banda está em pausa.

Nessa mesma época, para piorar, eu e Larissa tentávamos salvar nosso casamento, depois de uma crise que estourou em outubro de 2011, bem no meio da gravidez não programada, mas muito bem vinda, de Iane.

Como você pode ver, como diz minha madrasta Lica, "é muito assunto".

Nesta minha "busca-por-não-sei-que" eu vinha tentando me salvar atirando para todos os lados, sem uma direção clara a tomar.

Até escrevi uma música sobre isso:

Reto Circular

Fui direto, cego, branco e tonto
Tateando em pleno pranto
Ando sempre procurando o que não sei se sei
Encontrar
Onde dará esse meu caminhar?

Vagando debaixo dessa chuva
Me perdendo em mim mesmo e sonhando
A cada esquina em teu braço
Esbarrar

Em que ponto do espaço pretendo chegar?

Linhas tortas dos meus desenganos
Nesse mundo se passaram tantos anos
Vou seguindo mesmo assim
Reto circular

Lembra quando eu falei da **confusão mental** que eu estava quando comecei a fazer terapia com Camila?

Acho que agora você entende melhor.

A história que eu te contei aqui, de forma beeeeem resumida (tem mais de onde veio isso aí :P), foi praticamente a mesma que narrei para ela em nossa sessão inaugural.

Depois de muito ouvir, ela fez aquela fatídica pergunta:

O QUE VOCÊ QUER?

Eu bem que tentei responder, falei por vários minutos, disse um monte de coisas.

Um dos pontos principais para mim era a meta de tirar uma licença sem vencimentos, pelo menos por 1 ano.

Eu precisava de "um tempo pra mim".

Só que para isso eu necessitava de uma reserva financeira que eu ainda não tinha. E que meus projetos paralelos mais recentes ajudariam a formar.

O que eu iria fazer quando conseguisse esse 1 ano livre?

Isso, sinceramente, eu não sabia.

Quanto mais eu ME OUVIA falando, mais ficava claro o quanto eu estava desorientado.

Até que me rendi:

- Não sei.

Descobrir o que eu queria passou a ser minha missão principal.

E fomos trabalhando nisso nas sessões seguintes.

O dilema Segurança x Liberdade era cheio de camadas. Eu queria ter mais tempo, mas não podia colocar o bem-estar da família em risco.

Descobrimos que eu estava tão preocupado em montar um "colchão de ar" (a reserva financeira), que não estava aproveitando "a queda", a jornada.

Eu me sentia culpado quando "roubava" tempo da família para os projetos paralelos.

Eu me sentia culpado roubando tempo da empresa, quando trabalhava aquém do meu potencial mas não conseguia energia para buscar o "algo mais".

Eu me sentia culpado roubando tempo de mim mesmo, me descuidando do corpo, da mente e do espírito.

E foi assim que eu entrei no piloto automático, emendando uma batalha atrás da outra enquanto fui perdendo o brilho nos olhos, a capacidade de sonhar, a minha identidade.

Eu precisava me encontrar novamente.

Eu tinha que aprender a "curtir a queda" AO MESMO TEMPO que crio "o colchão de ar".

Eu precisava encontrar o...

MEU LUGAR NO MUNDO

Desde janeiro de 2018 que Camila vinha me falando de um evento que estava organizando com mais alguns parceiros.

Seria uma vivência de 4 dias, de 14 a 18 de março no Vale do Capão na Chapada Diamantina, um lugar que todo mundo diz ser mágico. E que eu ainda não conhecia.

O nome dessa vivência: Meu Lugar no Mundo.

Seria um grupo de 20 pessoas, haveria alimentação natural, Yoga, trilha, cachoeira, fogueira, meditação e muitas reflexões.

Parecia excelente e adequado ao meu momento, mas eu fui empurrando a decisão até o limite, quando em 28 de fevereiro eu garanti a minha vaga.

Eu ainda não tinha decidido fazer o Caminho de Santiago, mas de repente eu senti que participar do Meu Lugar no Mundo seria uma espécie de ensaio para minha viagem só.

E, veja que interessante...

Em 28 de fevereiro eu mandei um zap para Camila pedindo para segurar minha vaga.

Em 03 de março veio a decisão de fazer o Caminho.

Em 07 de março, data da minha sessão seguinte, eu paguei a minha inscrição no Meu Lugar no Mundo.

Em 15 de março lá estava eu dentro de uma Van com completos desconhecidos que pareciam tão ou mais desconfiados do que eu.

Camila já nos aguardava na pousada Lothlorien, que na década de 80 abrigava uma comunidade de vida alternativa.

Viajamos em silêncio, apenas conversei um pouco com alguns lá do fundão.

Chegando na pousada, a primeira surpresa: Eu ia dividir quarto com mais 4 marmanjos!

Não vou entrar nos pormenores dessa experiência, mas quero destacar 3 aspectos marcantes:

1. **A beleza e energia do lugar:** a pousada, as trilhas, as cachoeiras, as montanhas, o céu, a natureza são impressionantes. Apenas estar lá já seria sensacional.

2. **A programação do encontro**: Camila e os organizadores mesclaram dinâmicas variadas que nos fizeram viver diferentes sensações. Destaque: nunca achei que uma comida natureba podia ser TÃO BOA!

3. **A conexão das pessoas**: O gelo entre os participantes foi quebrado logo no início e em poucos dias parecia que nos conhecíamos a décadas. O "Vamos nos permitir" era a tônica geral.

Somando tudo isso, fiquei completamente surpreso com minha participação.

Me integrei facilmente com meus colegas de quarto (todos muito gente fina!), me entreguei totalmente a todas as dinâmicas.

Uma das que mais gostei foi uma trilha de 15 km, em completo silêncio. Nesse dia eu senti a energia forte da natureza. Com um bloquinho na mão, escrevi:

De repente brotou em mim
Uma felicidade infinita
Ao ver o sorriso no rosto
Daquela menina cheia de vida
Ao ouvir o barulho da água
Batendo na pedra
Tudo fez sentido

Uma energia presente
Em cada som, gesto
Movimento
Sensação de paz
E pertencimento

Não sinto medo
Nem raiva
Nem rancor
Em mim sou
Apenas
Amor

Acho que há um bom tempo eu não me sentia tão livre, e tão conectado comigo mesmo.

Falei, escutei, brinquei, chorei, conversei, escutei e acima de tudo, eu ri.

Uma das vivências simulou nosso renascimento.

Em uma cachoeira em cima de uma montanha, fiquei debaixo d'água pelo maior tempo que consegui. Me senti como se estivesse em um útero.

Samir, um dos organizadores a quem passei a admirar imediatamente logo que conheci, estava junto com Camila por todo o tempo.

Quando me senti pronto, sinalizei que queria levantar e, ao abrir os olhos e perceber aquele céu e sol lindos em cima da montanha, parecia que eu estava vendo o mundo pela primeira vez.

Eu não consegui dizer absolutamente nada, até que Samir olha nos meus olhos, sorri e exclama:

Booom diiiaaaa!

Pense numa crise de riso...

Eu disparei uma gargalhada incontrolável que logo também atingiu os dois.

Não sei quanto tempo durou, mas nunca vou esquecer aquele momento de nós 3 juntos, abraçados e se acabando de rir.

Foi assim que eu renasci: RINDO.

Esse espírito divertido tomou conta de mim todos esses dias.

O meu "renascimento", com Camila e Samir

Na última dinâmica antes de retornarmos a Salvador, cada um devia contar um pouco sobre sua experiência no Meu Lugar no

Mundo, respondendo a 2 perguntas.

O que eu trouxe comigo e deixo aqui? *(algo que eu queira me livrar, abandonar)*

O que eu levo comigo? *(algo que eu queira carregar daqui pra frente)*

A minha resposta me surpreendeu, pois são visões e pensamentos que eu nunca tinha tido sobre mim mesmo:

"Eu deixo aqui a minha PRESSA.
E levo comigo a minha CRIANÇA"

CAMPO DAS ESTRELAS

Antes de te falar sobre a fase de preparação, vou te contar um breve resumo da história da peregrinação a Santiago de Compostela.

Vai ser rápido, apenas o essencial para você entender melhor a *minha* história.

Depois que Jesus foi crucificado, seus discípulos se dispersaram pelo mundo para divulgar o evangelho.

O apóstolo Tiago passou seis anos pregando na província romana da Galícia, na Espanha, e em Portugal.

Doze anos depois da morte de Jesus, Tiago retornou a Jerusalém, onde foi perseguido, preso e decapitado a mando de Herodes, o "miseravão".

O bicho era tão ruim, mas tão ruim, que até mesmo proibiu que Tiago fosse enterrado. Por isso seu corpo foi jogado para fora das muralhas da cidade.

Teodoro e Atanásio, dois de seus discípulos, recolheram seus restos mortais e os levaram de volta para a Ibéria. Esse teria sido o desejo do próprio Tiago.

Eles foram de barco, levando o corpo dentro de uma tumba de mármore, até chegar na cidade de Iria Flávia, hoje Padrón (*guarde bem essa informação, vai ser importante mais pra frente*).

No ano de 44 d.C o corpo de Tiago teria sido enterrado em um bosque chamado Libredón, local que permaneceu oculto por oito séculos.

Certa noite, diz a lenda, o ermitão Pelayo notou uma grande claridade sobre o mesmo ponto em Libredón.

Ao saber daquela "chuva de estrelas", Teodomiro, bispo de Iria Flávia, ordenou que escavassem o local.

Em 25 de julho de 813, foi encontrada a arca de mármore com os supostos restos do apóstolo Tiago.

O local passou a ser visitado por andarilhos de toda a Europa, à medida que a notícia rapidamente se espalhava.

O Rei Afonso II mandou erguer uma capela em honra a São Tiago, proclamando-o padroeiro de todo o reino.

Foi assim que em pouco tempo nascia a cidade de Compostela, nome que vem do latim *Campus Stellae*, ou Campo das Estrelas.

Em 1075 foi iniciada a construção da Catedral de Santiago de Compostela, que hoje abriga a arca com as "relíquias" de São Tiago.

Assistir a missa do peregrino na Catedral de Santiago e ver o *botafumeiro* (o balançar de um "turíbulo gigante de incenso" preso no teto) é para muitos o ápice do final do Caminho.

7 Símbolos Do Caminho

1. Concha de Vieira

Uma das lendas diz que o corpo do apóstolo se perdeu no mar e foi arrastado até uma praia na Península Ibérica.

Misteriosamente, como em toda boa lenda, o corpo foi encontrado intacto coberto por conchas de vieira, marisco muito comum na costa da Galícia.

Os peregrinos costumam usar as conchas de vieira nas suas roupas, mochilas ou colares. Na idade média elas serviam de amuleto contra pragas e maldições.

Na dúvida, vamos usar né?!

2. Cruz de Santiago

A cruz vermelha em forma de espada foi usada pela primeira vez pela Ordem dos Cavaleiros de Santiago, simbolizando o apóstolo defensor dos cristãos na guerra da Reconquista.

É muito comum encontrar essa cruz adornando presentes como chaveiros, pingentes, abridores de cartas e na própria concha de vieira.

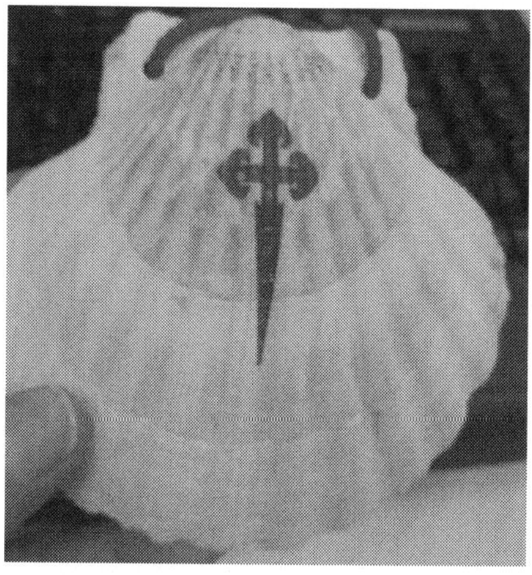

A Cruz de Santiago pintada na Concha de Vieira: Dois tradicionais símbolos do caminho unidos.

3. Cajado

Na idade média o cajado representava a terceira perna, e também a terceira pessoa da Santíssima Trindade.

Muito útil nas subidas e descidas de trechos cheios de pedras, os cajados naturais ou os modernos bastões de caminhada ainda são bastante populares entre os peregrinos.

4. Pedra

Você vai ver muitos montinhos de pedras pelo caminho, principalmente ao pé das dezenas de cruzes que vai encontrar.

Elas representam coisas negativas, problemas que o peregrino quer se livrar, deixar para trás.

Ou também podem representar desejos, graças a serem alcançadas.

Cada peregrino decide se, quantas, quando e como vai carregar e depositar suas pedras.

O importante é acreditar.

5. Setas amarelas

"Siga as setas amarelas".

É tudo o que você precisa para fazer o Caminho.

Fique atento às casas, pontes, calçadas, muros, postes, placas, árvores, pedras, ..., as "*flechas amarillas*" estão pintadas em todo lugar.

As setas amarelas e as pedras do Caminho

Você também vai ver plaquinhas azuis com um desenho de concha de vieira, a seta apontando a direção e às vezes também a distância que falta até chegar a Santiago.

No começo é meio tenso, mas logo os nossos olhos ficam treinados, e a gente se acostuma.

> Dica: Se ao invés da seta você enxergar um X... caminho errado, não vá!
>
> Outra coisa: no Caminho Português ignore as setas azuis em sentido contrário. Elas indicam o Caminho de Fátima.

6. Credencial do Peregrino

É uma espécie de passaporte obrigatório que todo peregrino deve levar consigo.

Você precisará carimbar seu passaporte pelo menos duas vezes por dia, nos albergues, igrejas, bares, restaurantes ou repartições públicas.

Todos os albergues municipais exigem que você apresente sua credencial, para que você possa arranjar uma cama e deixar seus 5 ou 6 euros de doação.

O ideal é que você já saia do Brasil com seu "passaporte". Procure a Associação Brasileira dos Amigos do Caminho de Santiago - AACS Brasil (ou uma associação local na sua cidade ou estado), e eles vão te orientar.

7. A "Compostela"

É um documento oficial emitido pela igreja que certifica que você completou pelo menos 100 km de peregrinação a pé ou de cavalo (200 km de bicicleta).

Para isso você deve ir à Oficina do Peregrino, que fica próxima a Catedral.

Lá você apresenta a sua Credencial do Peregrino devidamente carimbada, comprovando todos os pontos onde você passou.

A depender da época do ano, e horário do dia, prepare-se para enfrentar uma fila que pode durar algumas horas.

Você vai receber gratuitamente um diploma com seu nome escrito em latim, informando a distância total percorrida.

Por 3 euros você pode optar por receber mais um certificado, este contendo também o ponto de partida e o total de dias.

E assim, com sua Compostela na mão, você se torna um peregrino "oficial" :-)

Dica: Se você estiver em grupo de 3 ou mais pessoas, pode evitar essa fila.

Vai pela porta lateral, informe que são de um grupo, e que caminharam juntos a partir do mesmo dia e local.

Eles vão te mandar preencher um formulário com o nome das pessoas e algumas outras informações.

E depois vocês vão buscar a Compostela pronta no horário combinado.

A PREPARAÇÃO

Passagens compradas em 21 de março, viagem a Madrid em 18 de setembro, início da caminhada, 23 de setembro.

Eu tinha 6 meses pela frente para me preparar.

Pelas conversas com meu pai, eu já tinha noção que precisaria focar em 3 partes:

1. Informações
2. Equipamentos
3. Preparação física

Você já sabe que minha proposta neste Antiguia é contar histórias, e não montar um relatório técnico exaustivo sobre o Caminho.

Vou destacar o que foi de mais importante para mim, te dar algumas dicas principais, e o resto é com você.

1. Informações

Comecei exatamente onde a grande maioria dos projetos inicia.

No Google.

Logo, logo, descobri que tem tanta informação na internet, que é fácil se perder. Ou se desesperar.

Para nossa sorte, existem diversas associações pelo Brasil que se dedicam a ajudar os peregrinos.

O então presidente da Associação Bahiana dos Amigos do Caminho de Santiago (ABACS), Luciano Borges, era meu colega de trabalho, e sentava-se praticamente na minha frente.

Luciano me indicou o site espanhol *gronze.com* que tem uma ótima descrição das rotas mais conhecidas do Caminho, e serviu como o meu principal guia técnico.

> *Dica: Procure uma associação na sua cidade e peça orientação.*
>
> *Muitas realizam palestras frequentes e organizam caminhadas de confraternização e treino.*
>
> *Mesmo que eles tenham site ou blog, nada substitui uma boa conversa com quem já fez o Caminho.*

Na internet, vale muito a pena conferir o blog Meu Caminho de Santiago, em *www.meucaminhodesantiago.com.*

Os posts e vídeos do Diego Davila no YouTube esclarecem praticamente todas as dúvidas principais dos peregrinos de primeira viagem.

2. Equipamentos

- O que preciso levar?

- O que devo calçar?

Essas eram as minhas duas maiores preocupações e aqui estão as respostas que encontrei:

O Que Preciso Levar?

Meu pai já tinha me dito que o peso total da mochila carregada não deve ultrapassar 10% do nosso peso.

No meu caso, deveria ficar em torno de 8 quilos.

Sabendo disso, essa é a lista dos 20 itens principais que decidi levar:

1. **2 calças/bermuda** (uma para caminhar, outra para o descanso. São leves e versáteis).

2. **4 camisas *dry fit*** (2 manga-curtas e 2 compridas) - 3 seriam suficientes

3. **3 cuecas microfibra** (mais leve e rápido de secar do que algodão!)

4. **1 corta-vento** (ultra-leve!)

5. **1 casaco de fleece** (é leve e aquece no frio)

6. **3 pares de meia**, sendo 2 grossas para trekking (super-confortáveis!) e 1 fina (me salvou um dia....)

7. **2 pares de sandálias**, sendo 1 havaiana (para o banho nos albergues) e 1 papete (para andar nas cidades e também para trechos do Caminho)

8. **1 saco de dormir** (comprei um bem leve da Náutica, em torno de 600g. Nem todo albergue tem lençóis)

9. **1 capa de chuva** tipo poncho (dizem que chove muito na galícia, mas eu não vi nem uma gota!)

10. **Necessaire** com itens de higiene (Dica: leve protetor de ouvido!)

11. **Kit de primeiros socorros** com medicamentos básicos (isso merece pesquisa à parte, mas se esquecer algo sempre pode contar com as farmácias e a ajuda de outros peregrinos)

12. **1 toalha de microfibra** super-absorvente (uma das melhores

compras que fiz!)

13. **Garrafa para água para 800 ml** (tem muitas fontes no caminho, hidrate-se!)

14. **Chapéu peregrino** (aquele das abas grandes, protege bem do sol e ainda fica estiloso)

15. **Óculos escuros** (Dica: use aquela cordinha para pendurar no pescoço!)

16. **Lanterna de cabeça** (bom para caminhar bem cedo, no escuro, e também útil para arrumar a mochila no albergue)

17. **Eletrônicos** (celular, carregador, fone de ouvido, relógio...)

18. **4 pegadores de roupa** (foram muito úteis, como você saberá)

19. **Doleira** para passaporte e dinheiro (nunca se separe deles!)

20. **Sacos de Pano** para organizar suas coisas (evite os insuportáveis sacos plásticos, para não incomodar os outros. Outra dica TOP: Leve pelo menos um saco com alça, para pendurar no banheiro!)

Olhando essa lista agora pode parecer que foi simples, mas até às vésperas ainda tinha as últimas coisas para comprar.

O tempo que você vai levar e o quanto você vai gastar depende muito do seu estilo de ser, do seu modo de organização.

Como eu já disse, aproveite essa deliciosa fase de montagem da sua bagagem.

Cada pesquisa, descoberta, nova compra...

Cada detalhe <u>faz parte</u> do nosso caminho.

O peso final da minha bagagem ficou em 8,5 kg, um pouco mais do que eu gostaria, mas ainda assim dentro do aceitável.

A melhor dica que posso te dar por hora é essa:

Aprenda a viver com o mínimo, pois as suas costas vão carregar o peso das suas decisões. E na dúvida, não leve.

O Que Devo Calçar?

Esses são os equipamentos mais importantes e valiosos do Caminho:

Os nossos pés.

Não existe uma resposta definitiva sobre o calçado mais adequado.

Tênis, botas, sandálias tipo papete... você escolhe.

É bom usar algo confortável e que possa resistir à distância e ao tempo de caminhada previstos.

> Atenção: Evite estrear um calçado novo no caminho. Vá com um já amaciado. Seus pés agradecem.

Quanto mais eu pesquisava, mais ficava com MEDO das tão **faladas e temidas bolhas nos pés**.

E, como às vezes sinto um incômodo na lombar, também me preocupava muito com as minhas costas.

Foi por isso que investi um tempão pesquisando sobre mochila e botas.

Em maio, aproveitei uma viagem de trabalho a São Paulo e fui numa loja especializada chamada *Arco e Flecha* (eles tem uma boa loja online e também um ótimo canal no YouTube).

Cheguei lá determinado a comprar as **botas pretas** e a **mochila azul** que eu já tinha tantas vezes namorado no site.

Mas o estoque da loja não permitiu que fosse bem assim :(

Passada a frustração inicial... experimenta daqui.... experimenta dali... achei o que precisava!

Aí veio uma percepção interessante.

Ao sair da loja **feliz da vida** carregando aquele sacolão, eu me dei conta que tinha acabado de gastar quase R$2.000 em apenas 2 itens:

- Um par de **botas VERDES** cano médio X-Ultra Mid 2 GTX da marca espanhola Salomon (GTX é a sigla para Gore-tex, uma membrana especial que evita a entrada de água e ainda permite que os pés transpirem)

- Uma **mochila VERMELHA** Kestrel de 38 litros da marcas Osprey

Apesar de não ter sido... assim... exatameeeeente do jeito que eu tinha planejado...

... eu me sentia MUITO BEM.

Foi então que caiu a ficha!

O Caminho estava deixando claro para mim quem é que "daria as cartas" dali pra frente.

E eu estranhamente já estava começando a gostar disso.

3. Preparação Física

Deixa eu te falar um pouco sobre a minha forma física, antes de entrar no Caminho propriamente dito.

Há mais de 20 anos eu trabalho na mesma empresa, onde passo a maior parte do tempo sentado, na frente do computador.

Até meus vinte e poucos anos eu sempre fui magro. E sempre me enxerguei sendo magro.

Até que um dia, ali pela faixa dos 30 anos, eu fui na casa de um vizinho querido do prédio onde eu já morava com Larissa.

Era o nosso primeiro apartamento, onde, ainda sem filhos, costumávamos fazer altas farras. E dormir até as 2 da tarde nos fins de semana.

Muito bem, como o vizinho não estava (que pena, eu ia chamar ele justo para mais uma farra!), eu deixei recado com a empregada (era uma nova, que ainda não me conhecia).

No dia seguinte encontrei com ele por acaso, e ao perguntar se tinha recebido meu recado, ele respondeu:

- Ah.... então foi você! A moça disse que um "gordinho" tinha passado lá para falar comigo.

Dei um sorriso sem graça, mudei de assunto e conversamos algumas amenidades.

Chegando em casa, corri para o espelho do banheiro e constatei a verdade:

- Caralho!!! Eu JÁ estou na categoria do GORDINHO.

Seria bonito eu te dizer que esse foi o "ponto da virada" que me fez tomar vergonha na cara e perder peso imediatamente.

Não foi.

Muito pelo contrário.

O gordinho aqui continuou se descuidando... trabalhando demais... bebendo e comendo além do necessário... ao mesmo tempo que nasciam os filhos e aumentavam as despesas e as responsabilidades.

Fui parando de jogar bola com os amigos, quase não pegava mais onda de bodyboarding... até que finalmente me tornei um típico SEDENTÁRIO.

No final de 2008 realizamos um sonho de ter uma casa de praia em Genipabu, a 40 km do aeroporto. Fica a 2 km da entrada de Guarajuba, um lugar que frequento desde pequenininho por causa do meu pai, um dos primeiros veranistas da região.

Sob muitos aspectos Guarajuba é uma benção, um paraíso, um refúgio que temos o privilégio de poder estar sempre que quisermos.

Mas.... casa de praia (ainda mais quando está nova) tem um preço que vai além dos custos de manutenção.

"COMILANÇA e BEBERRANÇA".

Vira e mexe, os assuntos principais sempre giram em torno de "o que vamos comer e do que vamos beber esse fim de semana?".

Os primeiros anos foram divertidos, não vou negar, até aquela ida na farmácia, dias após a virada do ano de 2009 para 2010.

O Reveillon tinha sido uma orgia gastronômica-etílica tão grande, ao ponto de eu me perceber comendo sarapatel - uma comidinha "*light*" feita com tripa e sangue de porco - e tomando cerveja no café da manhã.

Naquela época eu te contaria isso me achando o máximo. Hoje.... nem tanto.

Enquanto aguardava ser atendido... já que eu não estava fazendo nada mesmo... eu subi despretensiosamente na balança para medir o estrago.

Só que não foi nada divertido, porque eu realmente tomei um GRANDE SUSTO!

O mostrador digital impiedosamente esfregava 93,5 quilos na minha cara.

Como assim?!?

Eu... o magro que nunca pesava mais de 80 quilos?

Essa balança só pode estar com defeito!

Foi assim que eu me dei conta que há algum tempo já tinha saído da categoria de "gordinho".

Eu podia oficialmente ser chamado de... G.O.R.D.O.

Gordo de coxas batendo, papada, pneus e uma indecente barriga.

Ainda em pé na balança, eu mentalmente disse "CHEGA! A partir de HOJE isso vai mudar".

Se eu não tomasse uma ATITUDE, os 100 kgs estariam me aguardando logo ali na esquina.

Prometi a mim mesmo que perderia pelo menos 10 kg em tempo recorde, e nunca mais voltaria a pesar mais de 90 quilos.

Anunciei minha decisão em casa, logo ao retornar.

E então parei de beber, entrei numa dieta séria e em poucas semanas já exibia meus novos 82 quilos, que é o meu peso médio até hoje.

Eu ainda consegui introduzir atividade física regular (corrida!) em boa parte dos últimos anos, principalmente depois de 2012, quando nasceu Iane e nos mudamos para o Alphaville.

A partir de janeiro de 2018 veio uma novidade que favoreceu ainda mais a minha rotina de cuidados físicos.

Eu reduzi a minha jornada na empresa de 8 para 6h por dia, passando acordar mais cedo e tendo a tarde livre a partir das 14h.

Com isso eu consegui correr regularmente de 3 a 5 km por dia, pelo menos 2 a 3 vezes por semana.

Só que, se eu planejava passar 10 dias seguidos caminhando de 18 a 35 km por dia, o melhor treino que poderia fazer seria realmente...

CAMINHAR.

E, tirando as ocasionais *turistadas* em viagens internacionais, caminhar nunca havia sido um hábito meu até então.

Depois que comprei a mochila e as botas no final de maio, **eu precisava aprender a gostar de ANDAR**.

Não montei um programa muito detalhado, mas me organizei para fazer pelo menos 1 caminhada grande por semana.

Esse é o resumo da minha preparação física, em ordem mais ou menos cronológica

- **15 km - Parque de Pituaçu**, com meu pai em 03 de março. Foi quando decidi fazer o Caminho

- **15 km - Trilha no Vale do Capão**, parte do evento Meu Lugar no Mundo. Muito sobe e desce, em um visual cinematográfico.

- **12 km - Genipabu - Rio Jacuípe** (ida e volta) - na verdade eu ia surfar, mas não tinha onda e fiz essa caminhada carregando prancha, pés-de-pato, e ainda peguei um galho e transformei em cajado.

- **20 km - Pituaçu - Stela Maris** (ida e volta) - foi quando inaugurei a bota, minha primeira caminhada grande. Andei uns 2 km pela areia (depois do Farol de Itapuã), molhei os pés no mar sem querer, ganhei uma garrafa d'água de um vendedor que estava sem troco, tive que pedir protetor solar emprestado a um casal com um bebê, e me arrastei durante os últimos 3 km.

- **14 km - Alphaville - Pituaçu** (ida e volta) - saí de casa andando até o Parque de Pituaçu, fiz um trecho lá dentro e retornei. Senti dores nas pernas e ganhei bolhas nos dois pés, nos dedos que ficam ao lado do dedão.

- **17 km - Genipabu - Itacimirim** (ida e volta) - fui descalço pela areia fofa, cansa pra caramba! E voltei pela calçada de pedras portuguesas (alguns trechos só tem barro). Era importante pisar em diferentes terrenos para fortalecer o meu "pé-de-moça".

- **7 km - Terminal de Carga do Aeroporto** - Larissa foi treinar de bike enquanto eu andava pela primeira vez com minha nova mochila carregada. Foi mais fácil do que pensei.

- **21 km - Genipabu - Praia do Forte** - fui com mochila pela praia usando tênis durante 8 km. Depois andei descalço mais 13. No km 15 eu senti a sola do pé incomodar, mas insisti até o km 21. E com isso ganhei uma MEGA-BOLHA embaixo do calcanhar que me deixaria 1 semana praticamente sem andar.

- **26 km - Parque de Pituaçu** (fui até mais ou menos a metade do circuito, duas vezes) - desta vez levei um MP3 player e fiquei ouvindo (e cantando, e rindo) clássicos do rock como a banda Joelho de Porco (uma das músicas fala assim "Ei, gordão... tome cuidado, com o macarrããããooo" rsrsrs).

- **39 km - Trabalho - Casa** (7 x 5,6 km). Várias vezes fui de metrô ao trabalho, e algumas delas voltei andando para casa. Muito bom para ver VIDA, ao contrário da solidão diária do carro.

- **30 km - Jardim de Alá - Campo Grande** (ida e volta) - Fui pela orla até o Farol da Barra, subi a Ladeira da Barra, passei pelo Corredor da Vitória e cheguei na Frenta da Casa de Itália (onde fui a muitos bailes infantis no Carnaval, quando minha mãe ainda era viva). Usei minhas botas, a mochila estava bem pesada, peguei um trecho de chuva. Foi a minha maior e mais difícil caminhada de treino. Fiquei preocupado com o dia que teria que andar 34 km no Caminho de Santiago.

Até escrever esse capítulo eu não tinha ideia de quantos quilômetros eu caminhei na minha preparação entre março e setembro de 2018.

Para a minha surpresa, foram 216 km, quase o Caminho Português inteiro!

E as distâncias percorridas não foram a única coisa importante.

Também passei longas horas comigo mesmo, pensando, falando,

cantando, chorando, tendo diálogos futuros hipotéticos, reeditando conversas passadas...

... e sempre imaginando como seria estar no Caminho "de verdade".

Eu passei a gostar desse tempo só meu, ficava ansioso para chegar nos fins-de-semana e repetir a dose.

A cada caminhada eu trazia uma variável nova, para me testar em situações diferentes, me acostumar a conhecer meu ritmo e desafiar meus limites.

É fundamental reconhecer a hora de descansar, de comer, de beber água, de alongar e até de parar.

Era o que eu devia ter feito no km 16 na Praia do Forte, porque assim teria evitado a super bolha que apareceu no meu calcanhar.

Mas Larissa e os meninos estavam me esperando, então acho que não parei porque no fundo eu queria exibir meu novo recorde até então.

Eu, Iane, Andrei, Bruno e Larissa, juntos na Praia do Forte, após meus 21 km.

Eu pude encher a boca e dizer que andei 21 km com uma mochila carregada com quase 10 kg de livros pesados e toalhas grossas. E mais, que foram 13 km descalços.

Nos dias seguintes eles me viram mancando, rsrsrs, quase sem andar direito. Uma semana depois eu estava de volta à ativa, e aprendi a lição: treinar descalço por longas distancias era um item riscado em definitivo da minha lista.

Nesses 6 meses entre a decisão e a viagem, meus pés ficaram meio surrados, mas em geral se comportaram bem. Melhor até do que eu esperava.

Só tive duas unhas que ficaram pretas, uma em cada pé. Descobri que era por causa do atrito na parte superior da bota. Depois que passei a amarrar mais firme, os pés deslizaram menos e o desconforto diminuiu.

Teve também uma coisa bem legal: Na semana anterior à viagem, resolvi ir num podólogo. A moça cortou direitinho todas as unhas (ninguém merece uma unha encravada no Caminho!), retirou as peles mortas das bolhas do treinamento e ainda passou aquele creme relaxante que nos faz parecer andar nas nuvens!

Meu corpo também não decepcionou. As pernas tiveram dores suportáveis e a coluna segurou bem a mochila, nos poucos treinos que fiz com ela.

Faltando 2 meses entrei no Pilates duas ou três vezes por semana, para melhorar meu alongamento (meu corpo é todo encurtado, flexibilidade zero) e também fortalecer a coluna. Gostei bastante, recomendo!

Como você pôde ver, não tive a preparação física mais criteriosa e infalível do mundo, mas foi um bom "ensaio", uma prévia das situações e dificuldades físicas e mentais que eu poderia encontrar.

Chegou o grande dia e eu estava pronto para embarcar, me sentindo orgulhoso, confiante e (supostamente) preparado para encarar tudo o que o Caminho reservaria para mim.

5 DIAS EM MADRI

Salvador - Madri - Porto

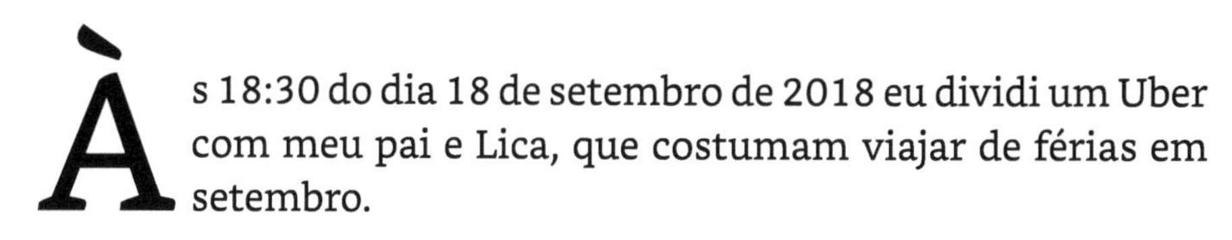

Às 18:30 do dia 18 de setembro de 2018 eu dividi um Uber com meu pai e Lica, que costumam viajar de férias em setembro.

Neste ano eles estavam empolgados levando a mãe dela, Vovó Madô, para conhecer um pouco da Espanha em um cruzeiro marítimo que passaria também por outras cidades européias.

Com a exceção da minha vizinha de poltrona, uma advogada que chegou atrasada (quase perdeu o vôo) e não parou de falar até tombar de cansaço às 3 da manhã, tivemos uma ida tranquila.

Rachamos um táxi até a praça Puerta Del Sol. Eles já tinham uma reserva num hotel, e Larissa já me esperava no apartamento bem legal que pegamos pelo Airbnb.

Cheguei no ap mais ou menos umas 13h do horário local. Tomamos um vinho tinto delicioso comendo uns queijinhos, enquanto ela me contava um pouco sobre como tinham sido seus 480 km de pedal de Munique à Veneza.

Aproveitamos os poucos dias que tínhamos para conhecer alguns dos principais pontos turísticos de Madri e provar um pouco das suas delícias gastronômicas.

Destaque para a Paella do restaurante La Barraca e o churros com chocolate da tradicionalíssima San Ginés.

O ponto alto desses dias, no entanto, não podia ser outro que não o nosso 9º show do U2. Valeu cada centavo que paguei (caro!) no ingresso de segunda mão no site StubHub.com.

Não sei se foi a alegria de estar em mais um show junto com Larissa...

... o fato de termos ficado muuuuito perto daquela "rodinha", a extensão do palco onde eles ficaram tocarando um tempaço...

... o setlist impecável e super Rock & Roll (o álbum *Songs Of Experience* tá demaaais)...

... os vários copos de 500ml de chopp que eu conseguia só levantando o dedo para um dos vendedores oficiais...

... ou tudo isso junto e misturado.

A verdade é que elegemos este como "o nosso melhor show do U2 de todos os tempos". E assim que terminou, imediatamente sentimos o gosto de quero mais.

Larissa e eu, logo após o final do nosso 9º show do U2.

Nossos dias em Madri acabaram rápido, mas foi muito bom!

No sábado, ainda deu tempo de comprar umas coisinhas pras crianças, antes de pegarmos o metrô em direção ao aeroporto.

Depois de nos despedirmos (o voo dela era um pouco depois do meu), eu me senti muito estranho caminhando sozinho em direção ao portão de embarque do meu voo para Porto.

Eu já perdi as contas que viajei a trabalho, mas aquele embrulho congelante no meu estômago era pura novidade.

Sabe aquela sensação que as crianças sentem quando se perdem dos pais por aqueles "instantes eternos" na praia ou no shopping?

Era parecido com isso.

Mas era diferente.

DIA 0: RAFAEL

A véspera do Caminho

Cheguei em Porto no meio da tarde de sábado.

Depois de um breve lanche no aeroporto, comprei meu bilhete de metrô até a estação Trindade, a cerca de 800 metros a pé da Catedral Sé do Porto, o local previsto de início da minha caminhada, na manhã seguinte.

No metrô eu vi um casal de ciclistas brasileiros conversando. Pensei em interagir, mas envolvido em meus próprios pensamentos... não tive a mínima vontade.

Pensei, sorrindo discretamente: "Eu estou sozinho, ninguém me conhece. Eu falo com quem eu quiser. Quando eu quiser. Por quanto tempo eu quiser. E SE eu quiser. Não quero falar com brasileiro nenhum".

Isso é libertador.

Eu já havia lido que no domingo a igreja só abre às 9h, então o mais inteligente seria conseguir na véspera o carimbo que marcaria o início oficial do meu Caminho de Santiago no Passaporte Peregrino.

Foi uma caminhada tranquila, apoiada pelo aplicativo Maps.me. Achei o visual parecido com o centro antigo de Salvador. A Catedral fica no alto e tem uma bela vista para o Rio Douro.

Depois de uma breve volta de reconhecimento dentro da bela igreja, e também de uma (meio automática, confesso) oração, peguei o meu carimbo e tirei uma foto logo na saída.

O carimbo que oficializa o início do meu Caminho na Catedral da Sé no Porto

Apreciei a bonita vista de cima e, guiado pelo maps.me (meio atrapalhado, confesso), fui descendo pelas ruazinhas estreitas e ladeiras bem íngremes.

Se fosse em Salvador eu teria ficado bem preocupado, pois aquele era um local que para os padrões brasileiros seria facilmente classificado como "estranho e perigoso". Mas eu estava em Portugal e me sentia seguro.

Caminhei mais uns 500 metros em direção ao Bluesock Hostels que eu tinha reservado na noite anterior pelo Booking.com.

Foi uma excelente escolha, porque ficava perto da Catedral, e também de vários barzinhos e restaurantes.

Apesar de já ter ouvido falar muito bem do Porto, eu de fato não fiz praticamente nenhuma pesquisa sobre a minha cidade de partida.

Eu não sabia muito bem o que iria encontrar, mas fiquei impressionado com a quantidade de vida e de agito que encontrei naquele sábado.

Muita gente na beira do rio bebendo e conversando, muita gente caminhando de lá pra cá na beira do Rio Douro.

De imediato planejei tomar uma cervejinha para comemorar a minha "viagem só".

E foi logo na recepção que a minha "viagem só" foi começando a se modificar...

Logo atrás de mim, um peregrino falava em espanhol que estava ali para fazer o Caminho de Santiago.

Eu nunca fiz curso de espanhol, mas já estive algumas vezes na Argentina, Chile, Uruguai, e tenho um amigo de infância chileno que falava castelhano dentro de casa.

Acho que tudo isso me ajudou a entender bem a língua espanhola, e a me comunicar até direitinho arriscando falar "portunhol".

Rafael vinha de Porto Rico para fazer pela segunda o Caminho, e disse ter me visto no aeroporto, e achou que me reencontraria, até por causa das nossas botas e mochilas eram das mesmas marcas.

(Aliás... a mochila dele era azul, justamente a que eu pensei que compraria. Mas estou muito satisfeito com minha escolha, quero deixar isso bem claro :)

Como se estivesse lendo meu pensamento, Rafael me convidou para tomarmos uma cerveja juntos, e eu não precisei pensar duas vezes.

Em 15 minutos estávamos na recepção e fomos andando e jogando conversa fora. Ele, cinquenta e poucos anos, advogado, casado e pai de 2 filhas, andava e falava rápido. Apesar de não ser estreante como eu, parecia mais ansioso.

Bebemos um ótimo vinho verde com um petisco de bacalhau, filosofando sobre a vida, compartilhando nossas histórias enquanto apreciávamos a belíssima vista.

Ele pagou a conta que eu nem vi! Prometi que a próxima parada seria por minha conta.

Eu e o advogado porto-riquenho Rafael, o primeiro peregrino que encontrei no Caminho, mesmo antes de iniciar

Atravessamos e fomos na roda gigante do outro lado do rio. Desta vez eu paguei. Foi engraçado esses dois marmanjos na roda gigante, papeando como se fôssemos amigos de longa data.

No caminho de volta, paramos num mercado central pequeno, mas com várias opções de comida e bebida. Ainda tomamos duas saideiras antes de voltar para o hostel quase às 10 da noite.

O meu "diabinho" me dizia no ouvido para tomar mais umas e comer mais algo, mas a responsabilidade de andar 27 km no dia seguinte me fez tomar a decisão mais consciente.

Cheio de expectativas positivas para finalmente começar de verdade o meu Caminho... tomei um banho e fui *tentar* dormir e recuperar as energias.

A palavra do meu dia zero foi...

EXPECTATIVA.

A partir de agora, cada capítulo vai homenagear uma ou mais pessoas importantes que encontrei no Caminho.

E também vou destacar uma única palavra que resuma o meu principal sentimento do dia.

Vamos lá para o... DIA 1!

DIA 1: JOHN & MIRIAM

Porto - Vilarinho (Vila do Conde). 26,5 km.

Acordei antes das 6 da manhã e fiquei me revirando até chegar a hora de arrumar a mochila (o que fiz no banheiro, para não acordar os colegas de quarto), tomar um café rápido e sair.

Combinei com Rafael sairmos juntos do hostel às 7:15 em direção a Catedral. Ele não estava no saguão neste horário, aproveitei e fui rapidinho comprar um protetor solar numa farmácia que ficava perto.

Foi tempo suficiente para a gente se desencontrar, pois quando voltei ao hostel o recepcionista me deu o recado de que ele já tinha ido para a Catedral.

Não foi nada difícil encontrá-lo bem em frente à entrada da igreja. Rafael estava bem aflito porque ainda não tinha o Passaporte Peregrino. E tinha acabado de saber que precisaria esperar até as 9h.

Notei que a mochila dele parecia beeem pesada (devia ter no mínimo uns 10 kg). Ele estava com roupas grossas e uma máquina fotográfica imeeeensa.

Quando eu estava pensando: "esse cara vai ter dificuldade de caminhar", ele próprio confessou que tinha exagerado e já pensava em conseguir despachar a mochila entre as cidades planejadas.

Sendo sincero, apesar de ter gostado muito de Rafael, eu no fundo queria começar meu Caminho andando sozinho. Então achei até bom que Rafael precisasse ficar por lá até conseguir sua credencial carimbada.

Já passava das 8h da manhã quando resolvi partir.

Nos demos um abraço forte, desejamos "Buen Camino" e sai sem olhar para trás, com a esperança de encontrá-lo em Vilarinho, nosso próximo destino.

As setas amarelas estavam ali em nossa cara, bem na frente da escada onde estive na véspera e não enxerguei umazinha sequer.

A primeira das muitas setas amarelas do Caminho de Santiago

Seguindo o sábio conselho: "siga as setas amarelas" de todos os peregrinos, saí com o coração batendo forte e acelerado rumo a minha jornada ao desconhecido.

Agora não era mais treino.

Era REAL.

Nos primeiros minutos me senti meio inseguro.

Não tô falando da insegurança de ser assaltado, como é comum sentirmos no Brasil.

É aquela insegurança do "E se"?".

- E se eu me perder no caminho?

- E se meu corpo não aguentar?

- E se eu não conseguir dormir à noite?

- E se eu tiver que desistir?

Eu geralmente sou otimista e não fico pensando nessas coisas, mas foi inevitável sofrer com essa *insegurança do desconhecido*.

Ainda bem que não durou muito.

Eu descobri bem rápido que a concentração nas setas amarelas toma tempo!

Afinal, eu não tinha um guia nem um mapa impresso, nem queria usar GPS do celular. Eu precisava confiar 100% nas setas amarelas.

A saída de Porto é meio complicadinha, mas bem sinalizada (como em todo o Caminho).

Por ainda não ter meu olhar treinado, cheguei a pegar uma rua errada perto da Torre dos Clérigos, mas logo percebi a falha e consegui retomar o caminho correto indicado pela seta que eu deixei passar.

Porto me pareceu limpa e organizada, mesmo nas áreas mais afastadas do centro.

Já saindo da cidade o caminho foi ficando mais simples e reto. E eu, mais confiante.

Ao passar por uma padaria, aproximou-se de mim um rapaz magro, de camisa branca, cabelos pretos, carregando um pão cheiroso que parecia bem quentinho.

Ele caminhou ao meu lado por uns minutos, perguntando se eu pretendia fazer o Caminho Central ou pela Costa. Ele já havia feito os dois.

Apesar de ter uma preferência pelo Central, eu confessei a ele que não estava 100% decidido, e pedi sua opinião.

O simpático rapaz falou muito bem dos dois, disse que pela costa seria bem bonito, mas alertou uma questão: eu teria menos sombra. E estava fazendo um sol de rachar.

Então eu disse: "Já que é assim, está decidido! Farei o Caminho Central!".

Ele também perguntou onde eu dormiria na próxima cidade, e como eu (obviamente, rsrsrs) não soube responder, ele indicou ficar em um ótimo albergue que havia sido um Mosteiro.

Sugestão mentalmente anotada, e o prestativo e educado português me tranquilizou dizendo que era só seguir sempre reto para sair da Cidade. E se despediu me desejando "Bom Caminho".

Obrigado... qual seu nome mesmo? José. Obrigado, José! Bom Caminho para você também!

Logo, logo eu entrei numa zona meio industrial e perto das rodovias. Era um domingo, então estava tudo beem deserto, era raríssimo encontrar qualquer pessoa.

Saindo de Porto, cheguei nas rodovias.

Quando eu estava perto de completar as primeiras 3 horas de caminhada, o corpo, os pés e o estômago começaram a reclamar. Todos juntos.

Eu tinha apenas uma maçã que peguei no hostel e uns sachês de carboidrato de sabores sortidos, que minha esposa Larissa tinha me dado, pois tinha sobrado do pedal dela.

Parei num ponto de ônibus e sentei um pouco, tirei as botas e as meias que estavam molhadas por causa do suor.

Lembrei de alguns dos vídeos que assisti na fase de preparação, que sugerem trocar de meias a cada 2 horas. Pés e meias molhadas são ruins, porque favorecem o aparecimento de bolhas.

Então peguei o meu segundo par de meias mais grossas, renovei o talco nos pés (que eu sempre colocava pela manhã, porque meus pés transpiram muito), comi minha maçã, bebi água e tomei um dos sachês.

Uns 20 minutos depois eu já estava de volta caminhando. Assim que dobrei a esquina vi um mercado bem grandinho e pensei: "que merda! Se eu soubesse teria parado por aqui e comeria algo melhor".

Passaram por mim um pai e seu filho de uns 10 anos, que estavam indo em direção ao carro estacionado. O pai acenou com as mãos e desejou "Bom Caminho!". Eu estava começando a gostar desse ritual :-)

Na lateral do mercado. vi um cara sentado na grama comendo alguma coisa. Pela mochila e botas vi que era um peregrino como eu, mas ele estava tão entretido no seu lanche que me limitei apenas a acenar com as mãos e dizer "Hi".

Ele tinha jeito de gringo, deveria ser mais velho que eu, calvo, pele vermelha do sol, camisa preta de manga comprida, olhos meio esbugalhados.

Me olhou de um jeito desconfiado (ele parecia faminto!), e devolveu o cumprimento sem aparentar muita emoção.

Na hora me veio a imagem do *Sméagol* (ou *Gollum*), do Senhor dos Anéis, contemplando a beleza do anel com aquele olhar de maluco dizendo "Meu Precioso...".

Foi assim que enxerguei
aquele peregrino comendo...

Segui adiante pensando, "será que vou encontrar com o Sr. Sméagol de novo?".

O restante do caminho foi tranquilo, até meio monótono, sem grandes paisagens, sem pensamentos, sem grandes acontecimentos.

Umas 2 horas depois da primeira parada fiz um stop rápido em um bar. Sem pressa e sozinho, comi um sanduíche de pernil de porco (tava bonzinho) e tomei uma cerveja long neck para refrescar o corpo e a mente.

Já em uma zona mais rural, senti que o "ar" estava mudando e que o meu destino final do primeiro dia de caminhada se aproximava.

E foi justamente quando eu estava até meio desapontado com essa primeira caminhada "água com açúcar", que cheguei literalmente em uma encruzilhada.

Se eu fosse para a esquerda iria até Vila do Conde. Eu tinha escrito em meu caderninho Moleskine o nome de dois albergues onde eu poderia dormir. Para o lado direito tinha uma placa indicando o Albergue de Peregrinos Mosteiro de Vairão.

Eu já tinha dado alguns passos seguindo o caminho planejado originalmente quando me lembrei da recomendação de José, na saída de Porto.

"Ele enfatizou que eu devia ficar em um Mosteiro. Isso só pode ser um sinal do Caminho, que eu não posso ignorar".

Dei meia volta e segui minha intuição.

Encontrei uma construção antiga e belíssima, ao lado de uma igreja. E fui recebido por um atencioso atendente.

Enquanto fazia um rápido tour comigo, me mostrando os cômodos, ele me disse que morava em frente ao mosteiro, pois o albergue era mantido por seus pais e irmãos.

Carimbado meu passaporte, fui avisado que a doação padrão era de 5 euros que deveria ser depositado em uma caixinha, na hora que eu desejasse.

A Rotina De Chegada Do Peregrino Em 7 Etapas.

Eu poderia escolher qualquer cama em um dos dois quartos disponíveis (havia um terceiro, mas estava em reforma). Até aquele momento só tinham 2 pessoas hospedadas, eu tinha sido um dos primeiros a chegar.

Escolhi o quarto dos beliches. Logo na entrada, à esquerda, na cama de baixo, tinha uma moça loira, alta e esguia, lendo um livro.

ETAPA 1 - Conseguir uma cama... OK!

Trocamos algumas palavras rapidamente em inglês, enquanto eu tirava as coisas da minha mochila, somente o que eu precisava para tomar um merecido banho.

O nome dela era Miriam, era da Alemanha (Na verdade é "Miri We", mas eu só descobri isso no Facebook, muito tempo depois).

Ela também estava no seu primeiro dia no Caminho Português. Ambos tínhamos suportado bem os desafios físicos.

E não tínhamos bolhas!

Nesse albergue existe um chuveiro individual e ganchos para pendurarmos nossas coisas. Para isso, eu já falei mais cedo, levar uma sacola de pano com alças é uma ótima dica.

Sabonete, shampoo, mini-toalha de microfibra, desodorante, cueca, short, camisa, pente... peguei tudo o que eu precisava e, usando minhas sandálias havaianas, tomei uma bela e revigorante ducha.

ETAPA 2 - Tomar um banho... OK!

Depois do banho fui encarar a minha primeira lavagem de roupa. Tinha pina e lavanderia em um outro cômodo, no final do corredor.

E lá fui eu cheio de habilidade (só que não) lavar meias, cueca, camisa, short... tudo que precisava estar limpo e seco para o dia seguinte.

Usando o mesmo sabonete de banho, fiz uma lavagem bem meia boca, até porque minhas costas doíam naquela posição de esfrega-esfrega.

Antes de eu acabar, chegou outro peregrino que ocupou uma pia que ficava um pouco longe de mim.

No papo, descobri que ele era Inglês, se chamava Lyndon John, estava caminhando desde Lisboa, e já era o seu terceiro Caminho de Santiago.

Como ele usava uma pia pequena, daquela de banheiro, e eu já estava desocupando o tanque, chamei ele para trocar de lugar. Aqueles olhos azuis esbugalhados, roupas pretas em suas mãos, finalmente reconheci....

Era *o Sr. Sméagol!!!*

ETAPA 3 - Lavar roupas... OK!

Roupa lavada, vamos para a próxima fase. Estender.

Levando nas mãos os pegadores de roupa novinhos que eu tinha comprado, ocupei um canto inteiro no varal que ficava no lado de fora do mosteiro.

Ainda tinha muito sol e soprava um vento gostoso. Inexperiente, eu não tinha muita certeza se daria tempo para secar tudo. Era deixar a natureza atuar.

ETAPA 4 - Estender roupas... OK!

Bem, agora eu tinha duas opções.

A. Esticar as pernas um pouco e descansar

B. Comer!

Eu nem precisei pensar muito, pois assim que acabei de estender as roupas, Miriam vinha descendo as escadas.

Ela tinha cumprimdo as etapas que eu. E já tinha, inclusive, descansado.

"Olá, estou indo comer alguma coisa, você quer ir?".

Claro! Vou sim! Só me espera 2 minutos para eu trocar a sandália (tirar as havaianas e colocar a papete) e já volto.

Miriam já tinha a informação onde ficava o único restaurante do local, e lá fomos nós andando. Era umas 4 da tarde.

O garçom era um velhinho simpático, o Sr. Elísio, que já devia ter passado dos 80 anos.

Pedimos 2 cervejas e um prato de bacalhau para cada um. Estavam maravilhosos.

Fizemos um ao outro a pergunta tão comum no Caminho:

O que te motivou a estar aqui?

Ela é arquiteta paisagista em Hamburgo, na Alemanha. Na mesma empresa há uns 2 anos, demonstrou algum descontentamento com a rotina pesada de trabalho.

E também compartilhou que há alguns anos (5, pelo que lembro), a família está enfrentando um problema de saúde da mãe, que precisa de cuidados constantes.

Tirar um tempo para si e avaliar se sai ou não do emprego para fazer um mestrado (na Alemanha ela seria paga para isso!) eram as suas principais motivações.

Contei um pouco da minha história, esta que você está acompanhando aqui comigo com mais detalhes. Comecei a entender que todos temos questões bem parecidas, não importa o país, cor, religião, classe social.

O papo, a comida e a cerveja fluíam bem quando notei o Sr. Sméagol sentado na parte externa do restaurante. Ele estava de costas, e chegou sem eu e Miriam notarmos.

Falei: "Vou chamá-lo para se sentar com a gente, tudo bem?". "Sim, claro!", ela respondeu de imediato.

O inglês, que já tomava uma cerveja, aceitou de bate-pronto. Pediu um prato básico com arroz e frango. E nos contou sua história.

Casado, 2 filhas já crescidas, ele é policial e mora perto de Londres, vai ao trabalho de trem. Faltam cerca de 20 meses para se aposentar. E ele parece estar contando os minutos.

Já trabalhou fazendo ronda nas ruas, mas nos últimos anos, atua mais como um "detetive cibernético", usando a internet para investigar crimes.

Pareceu ter uma vida estável, equilibrada, nos falou um pouco sobre o modo de vida do inglês, se interessou sobre o momento político brasileiro. Papo inteligente.

Aproveitei para tentar entender melhor como os ingleses lidam com a monarquia, que a gente vê nos filmes e nos jornais o destaque para tudo o que é ligado com a realeza.

Ele reforçou a importância da monarquia inglesa para as tradições e para o turismo. Entendi que os ingleses em geral apóiam esse tipo de regime, embora entendam que a rainha é mais uma figura "decorativa" do que política.

- Ela tem o direito de vetar qualquer coisa, mas nunca usa. É o primeiro ministro que governa.

Papo vai, papo vem... John e eu alternávamos pedindo a próxima rodada.

Miriam percebeu que a coisa ia render. Educadamente avisou que iria se recolher mais cedo (já devia ser quase 19 horas). Então ficamos eu e John para a "saideira".

E o tempo foi passando, passando, sem a gente perceber. Até que a fome bateu de novo e pedimos hambúrgueres. Deliciosos, por sinal.

Já com algumas cervejas no juízo, notei que o velhinho garçom (acho que ele também é o dono) é a cara do Sr. Frederiksen, personagem da animação UP - Altas Aventuras, desenho que eu e minha esposa e filhos adoramos.

Sr. Fredericksen, de UP - Altas Aventuras

Mostrei essa foto para ele no celular e demos muitas risadas. E fiz questão de registrar o nosso encontro ilustre.

O inglês Lyndon "Smiégol" John, o Sr. Elísio "Fredericksen" e eu, em nossa foto de despedida do almoço-jantar peregrino.

Saldo do dia: Sentamos para almoçar... e saímos depois do jantar, já tudo escuro, quase às 10 da noite!

ETAPA 5. Comer (bem!)... OK!

Tivemos que sair voando, pois o Mosteiro fecharia as portas às 22h. Eles tinham alertado que eram rigorosos com isso.

John andava mais rápido que eu e assumiu a dianteira.

Ufa... chegamos a tempo!

No quarto que à tarde estava praticamente vazio, agora as camas estavam todas ocupadas. A minha estava lá do outro lado, encostada na parede.

O assoalho de madeira fazia barulho.

Estava escuro.

E todo mundo dormindo.

Não tive nem coragem de abrir a mochila para não fazer zoada. Então resolvi deitar do jeito que cheguei... sem saco de dormir, sem lençol, sem escovar o dente, sem fazer xixi, sem beber água.

Totalmente despreparado, o calouro aqui. Às vezes a gente só aprende errando, né?

A partir do dia seguinte eu iria perceber que pulei uma etapa importante. Você vai entender por que mais pra frente...

ETAPA 6. Preparar a mochila para o dia seguinte... NÃO OK :(

Como você pode imaginar, tive uma noite beeem ruinzinha.

Fiquei fritando de um lado pro outro, morrendo de sede, mas sem querer atravessar o quarto para não acordar os outros peregrinos que pareciam dormir lindamente.

Entre um cochilo e outro, eu desejava acelerar o relógio para eu poder enfim beber água, colocar minhas botas e iniciar meu segundo dia.

ETAPA 7. Dormir (fritando :)... OK!

E foi assim que eu vivi as diferentes sensações da minha estréia no Caminho.

A caminhada em si foi meio morna e sem sal, mas a chegada ao Mosteiro, as horas de papo com Miriam e John, a boa comida e as cervejas no restaurante do Sr. Frederiksen, e até mesmo a minha fritada no colchão...

... tudo isso fez o meu primeiro dia no Caminho Português de Santiago de Compostela ser PERFEITO.

E por ter experimentado tantas situações e sentimentos novos (e até contraditórios), a palavra que sintetiza o meu primeiro dia foi...

DESCOBERTA.

DIA 2: JEAN MARIE

Vilarinho - Barcelos. 27,3 km.

Naquela manhã de 2ª-feira eu fui o primeiro peregrino do mosteiro a acordar.

Pouco depois das 5 da manhã, eu já estava no banheiro, dando aquela aliviada depois de misturar bacalhau, hambúrguer e cerveja na farra do dia anterior.

Acho que os monges davam uma importância muito grande a esse momento sagrado, pois os banheiros individuais eram espaçosos, quase do tamanho de um quarto.

Coisa boa, eu precisava daquela privacidade. Acho que fiquei bem umas meia hora até me sentir zerado.

Peguei minha mochila e botas e desci as escadas em direção ao pátio externo, onde eu havia deixado as roupas estendidas.

Foi aí que notei a minha primeira grande burrice no caminho.

A maioria das roupas, meias, cuecas e toalhas ainda estavam MOLHADAS.

Bem, na verdade a bermuda e camisa até que davam para usar, pois só estavam úmidas.

Mas o grande problema eram as meias de caminhada, pois eram

mais grossas.

Eu já sabia que a regra número 1 para evitar bolhas era "mantenha os pés secos".

E o pateta aqui tinha colocado para lavar os 2 únicos pares de meia de caminhada que eu tinha.

"Fudeu, o que eu faço agora?"

Pensa... miserável.... pensa....

Então eu lembrei que tinha trazido um par de meias finas pretas.

Eu tinha visto a dica que colocar as meias grossas por cima das meias finas poderia ser uma boa para evitar bolhas.

Cheguei a experimentar esse arranjo em um dos treinos, mas não curti. Apertou muito meu pé. Levei a meia adicional em todo caso.

E foi isso que me salvou.

Apesar de nunca ter caminhado apenas com elas, calcei as meias finas junto com as botas.

Pendurei a toalha e o resto das meias e roupas molhadas em várias alças da mochila.

E nessa arrumação, inacreditavelmente, eu levei praticamente uma hora.

Bebi uma parte da água da garrafa que o atendente João me deu no dia anterior (e eu nem lembrava!), e com o restante enchi minha garrafinha.

Eu não tinha nada para comer, além dos sachês de proteína. Encontraria algo no trajeto.

Precisamente às 7 da manhã o dia começava a clarear e eu iniciei meu segundo dia de caminhada, parecendo um varal ambulante.

"Seja o que Deus quiser".

E lá fui eu sozinho atravessar a porta de saída do Mosteiro de Vairão para mais um dia de caminhada.

Saindo do mosteiro, pronto para encarar o dia 2 de caminhada

Não demorou para conseguir um local para comprar uma maçã e duas bananas.

As duas primeiras horas de caminhada foram bem tranquilas, e paisagens mais belas do que no primeiro dia começaram a surgir.

A minha proposta para o Caminho foi viver o presente, então eu não estava muito preocupado em tirar fotos.

Mas ao passar por uma pontezinha, eu tive que parar para apreciar um GRANDE PRESENTE.

Me faltam palavras para descrever a beleza deste nascer do sol *exclusivo* para mim:

Bom dia, sol!

Com o passar das horas, a temperatura foi esquentando... e o cansaço acumulado dos primeiros dias começava a dar sinais de vida.

Apesar dos lugares mais bonitos, neste dia não tive nenhum encontro marcante, quase não conversei com ninguém pelo caminho.

Troquei algumas umas palavras com um senhorzinho que fazia um artesanato criativo e oferecia frutas e água fresca "de graça" para quem passava pela "Rua do Caminho de Santiago".

Ele ficou um tempão falando mal de alguém ao telefone celular, sentado em sua "motinha + cadeira-de-rodas".

Até tentei, mas a velocidade da fala e o sotaque português dele eram quase impossíveis de entender.

Deixei umas moedinhas de gorjeta e continuei a jornada.

No almoço fiz apenas um lanche rápido no Macedo's Bar (entrei nele porque Macedo é o sobrenome da minha esposa, que é sobrinha-neta de Osmar Macedo, um dos inventores do trio elétrico).

Observei um grupo de 4 pessoas conversando, uma senhora que falava alto e reclamava de um sobrinho preguiçoso que não queria nada com nada.

"Vixe... hoje parece que tá todo mundo mal humorado".

De fato, não foi uma das minhas segundas-feiras mais felizes.

Era um dia de 27,5 km, no terço final do trajeto, o calor, a noite mal dormida, os pés dentro das meias finas, e minhas pernas... todo mundo começou a reclamar.

Eu poderia ter trocado pelas meias mais grossas que já estavam secas, mas queria chegar logo para poder descansar.

Neste dia fiz poucas paradas, não troquei as meias, não conversei com pessoas...

Acho que eu não curti o caminho como eu poderia. Ou deveria.

Já chegando na cidade de Barcelos eu entrei no primeiro albergue que vi.

Era um albergue pequeno e privado, o Sr. Constantino me mostrou um ótimo quarto para 4 pessoas no andar de cima, super arejado, que até o momento só tinha apenas mais um hóspede.

Ele me explicou que eu podia caminhar mais 1.5 km até chegar no albergue municipal, onde eu talvez eu pudesse encontrar meus amigos John e Miriam.

Até cogitei essa possibilidade, mas o sol estava de rachar, eu estava realmente morto, minha virilha direita incomodava um pouco... preferi ficar.

Na verdade, eu tive foi medo de encontrar John e ser convidado para mais uma cerveja.

O dia seguinte seria o mais longo do Caminho, 34.5 km.

Eu PRECISAVA descansar então tomei a decisão mais sensata e resolvi ficar.

Então os quatro primeiros da rotina passos foram tranquilas:

1. Quarto OK

2. Banho OK
3. Lavar roupas OK
4. Estender roupas OK

Hora de comer.

Atravessei a rua e fui na lanchonete mais perto, do outro lado da rua, chamada "O Som das Palavras".

Então, troquei umas palavras com a garçonete que era brasileira, não lembro o nome dela.

Quando perguntei se ela estava gostando de morar em Portugal, a resposta foi "a gente se acostuma".

Definitivamente aquela 2a-feira estava meio mal-humorada, então decidi não puxar mais conversa.

Eu tinha chegado tarde para o menu-peregrino, não tinha mais almoço.

Tive que me contentar com mais um lanche, na esperança de conseguir comer de verdade no jantar.

O meu sangue a essa altura já tinha esfriado, e na volta para o albergue o incômodo na virilha tinha sido promovido para a categoria DOR.

Comecei a ficar mais preocupado e fui procurar Constantino, para pedir algum conselho sobre o que fazer.

Ele me conseguiu um saco com gelo e uma pomada Ibuprofeno para eu passar no local.

Antes de subir as escadas de volta para meu quarto, notei uma mulher asiática de no máximo trinta e poucos anos, andando com muita dificuldade.

Do jeito que ela mancava, parecia estar com uma enorme bolha em um dos pés.

Senti vontade de perguntar como ela estava, mas a preocupação com a minha própria dor era maior do que minha vontade de ser sociável.

Tomei um anti-inflamatório, passei a pomada e coloquei gelo, pensando em tirar um cochilo até a hora do jantar.

Que nada...

Alguns minutos depois entrou meu colega de quarto, um francês de 77 chamado Jean Marie.

Perguntou como eu estava, expliquei um pouco do acontecido.

Ele deitou na cama à minha frente e começamos um delicioso papo que salvou o meu dia.

Aposentado, trabalhou na Kodak por muitos anos e gostava de atividades ao ar livre.

Há 5 anos, numa trilha pela montanha, ele teve algum problema que a coluna travou.

Não entendi bem se ele tomou alguma queda, ou se já tinha algum problema recorrente (o inglês dele não era dos melhores, e o meu francês inexiste).

O fato é que ele ficou paralisado, teve que sair de maca. E foi obrigado a passar por uma cirurgia.

Os médicos duvidavam se ele poderia voltar a andar normalmente algum dia.

Ele prometeu que se conseguisse, faria o Caminho de Santiago de Compostela.

Dois anos depois da cirurgia ele fez o primeiro trecho do Caminho Francês.

E desde então sempre que pôde fez novos trechos, até completar o caminho mais tradicional.

Casado pela segunda vez, essa é uma experiência que ele prefere fazer sozinho.

Este ano, estava experimentando o Caminho Português.

Jean Marie sente dores, caminha devagar no máximo 3 horas por dia.

Ele conhece e respeita suas restrições. Mas não se limita por elas.

Ouvir suas histórias, compartilhar um pouco da minha vida, tudo isso me fez amenizar um pouco da minha preocupação.

O tempo passou que eu nem senti, Chegou perto das 9 da noite e Jean Marie, que já tinha comido mais cedo, disse que ia dormir.

Pretendia levantar às 6:15. Ele caminharia 13 km. Eu, 35.

Nos despedimos com um abraço e fui procurar algo para comer.

Mas antes disso me lembrei de um relaxante muscular que Larissa me deu, ainda em Madri.

Ela disse: "é muito forte, cuidado. Melhor você dividir em dois e tomar só metade".

Não foram poucas as vezes que me ferrei quando não dei ouvidos aos conselhos dela.

Cabeça dura, fui pro tudo ou nada.

Mandei o comprimido inteiro do relaxante muscular pra dentro.

E fiquei na esperança do coquetel gelo, anti-inflamatório, repouso, relaxante muscular fazer efeito e deixar minha virilha zerada pros 35 km do dia seguinte.

Terminei minha noite na mesma lanchonete do almoço. E mais uma vez não fiz uma refeição de verdade.

Tive que me contentar como mais um lanche meia boca.

Voltei pro albergue, escovei os dentes e finalmente fui para o quarto dormir.

Meu companheiro francês de quarto roncava baixinho e parecia já estar no décimo sono.

Coloquei meus protetores no ouvido, para garantir.

Deitei meio decepcionado comigo mesmo. Eu não esperava enfrentar essas dificuldades logo nos primeiros dias.

Achei que estivesse mais bem preparado, talvez um pouco de soberba tenha me feito negligenciar alguns cuidados básicos.

Mas tudo bem, eu sou iniciante, tenho direito de errar...

Pensamentos misturavam-se em minha cabeça enquanto eu percebia o relaxante muscular fazendo efeito.

E se não fosse por Jean Marie, meu 2º dia de Caminho tinha sido pura água com açúcar.

- Merci, mon ami!

Obrigado, meu amigo. A sua história de vida me fez relativizar o meu "problema".

O que é uma dorzinha na virilha diante de alguém de quase 80 anos que ficou ameaçado de não voltar a andar, e que hoje realiza feliz mais um trecho do Caminho de Santiago?

- Se ele consegue, eu também consigo.

Eu dizia para mim mesmo, tentando amenizar minha situação.

A palavra que resume o meu segundo dia:

PREOCUPAÇÃO.

E assim, caí no sono e apaguei.

DIA 3: IUNA

Barcelos - Ponte de Lima. 34,5 km.

Quando abri os olhos às 6:30, Jean Marie já estava de pé, ajeitando sua mochila nas costas e já pronto para partir.

Eu desejava que saíssemos para caminhar juntos, mas eu ainda demoraria um tempinho para me arrumar e não queria atrasá-lo.

Junto com o abraço de despedida, o desejo mútuo de "Buen Camino" e de nos encontrarmos novamente.

Tive uma boa noite de sono, senti que a virilha doía menos. Parecia que o gelo, o relaxante muscular e o repouso haviam funcionado.

Às 7:15 da manhã eu registrei a foto que marcava o início do meu terceiro e mais longo dia no Caminho de Santiago: 35k de Barcelos até Ponte de Lima.

Saí confiante, embora um pouco apreensivo.

As primeiras horas do dia, na saída de Barcelos

Na saída da cidade, que eu não pude ver na noite anterior, tirei algumas fotos dos Galos de Barcelos, que tem uma lenda interessante.

O povo de Barcelos andava alarmado com um crime que tinha um peregrino como suspeito, que insistia ser inocente.

Julgado e condenado à forca, como último desejo ele pediu para falar com o juiz, que estava almoçando com uns amigos.

O peregrino apontou para um galo assado sobre a mesa e exclamou: "juro que sou tão inocente que quando me enforcarem esse galo vai cantar".

O juiz ignorou o apelo, mas quando o peregrino estava para ser enforcado o galo ergueu-se da mesa e cantou.

Salvo a tempo, o peregrino foi solto e mandado em paz.

Outra curiosidade: O galo é considerado o símbolo de Portugal, porque é tradicionalmente associado a coisas positivas e a virtudes.

O canto do galo representa a vitória do bem, da luz sobre a escuridão, pois ele anuncia o nascimento de um novo dia.

Seria isso um presságio para o que estava por vir?

Veremos...

Para minha desagradável surpresa, não foi a virilha que começou a me dar trabalho.

Conforme o sol ia ficando mais forte, eu ia me sentindo meio enjoado... e tonto... e preocupado.

Eu ainda nem tinha saído da cidade!

- Burro, burro... para que você tomou os comprimido inteiro do relaxante muscular!

- Bem que Larissa avisou.

- Acho que vou vomitar...

- Fudeu... não vou conseguir mais caminhar.

Esses pensamentos se misturavam na minha mente confusa.

Quando senti vontade de chorar, me lembrei de uma citação da Seicho-no-ie, que minha mãe frequentou durante um tempo.

Eu cheguei a ir em uns dois eventos, um deles foi no antigo Centro de Convenções de Salvador. Lembro que tinha bastante gente. Eu devia ter uns 15... 16 anos.

Não sei exatamente por que, eu gravei esse texto que volta e meia eu recito:

Sou perfeito, alegre e forte
Tenho amor, e muita sorte
Sou feliz, inteligente
Vivo positivamente
Tenho paz, sou um sucesso
Tenho tudo o que peço

Acredito firmemente
No poder da minha mente
Pois é Deus no meu subconsciente

Fiquei repetindo isso para mim em voz baixa, quando passou por mim um peregrino altão, de quase 2 metros de altura.

Trocamos algumas palavras, só me lembro que ele disse ser da Austrália.

Ele andava rápido, não durou muito ao meu lado. Expliquei a ele sobre minha dor na virilha, mas, orgulhoso, omiti o fato de não estar me sentindo muito bem.

"Austrália" não sabe, mas aquele minutinho ao meu lado ajudou a me acalmar, e aumentar meu ânimo extra de continuar caminhando.

Voltei para o meu mantra da Seicho-no-ie e cheguei a uma zona mais rural.

Nesse momento eu caminhava completamente sozinho.

Vi que tinha que cruzar uma linha férrea.

As setas amarelas indicavam descer uma ladeirinha, passar por debaixo de uma ponte meio estranha, para depois subir novamente.

Fiz esse percurso no sacrifício e só depois percebi que eu podia ter economizado uns 200 metros, simplesmente passando por cima da linha.

Mas o calor estava ficando mais forte...

... Minha garganta seca, eu bebia pequenos goles d'água e jogava um pouco no rosto...

A ânsia de vômito aumentando... a vista escurecendo...

Por um momento eu tive certeza que ia desmaiar.

Parei por alguns minutos para tentar organizar as ideias...

O que faço? Bato na porta de alguma casa? Espero um peregrino passar? Peço ajuda?

Apesar de não conseguir raciocinar direito, a breve parada surtiu algum efeito, e me senti um pouco melhor para tentar continuar.

Logo depois, passou uma peregrina se aproximando da linha férrea, eu ainda tive energia para avisá-la para evitar ter que passar debaixo da ponte, como eu havia feito.

Tentei me fazer de forte, embora estivesse com medo por dentro.

Não deixei ela perceber que eu não estava nada bem.

Logo ela se distanciou, e voltei a ficar sozinho.

Enjoado, tonto, com vontade de vomitar, e mais 30 quilômetros pela frente, a minha cabeça estava a mil.

A virilha era o menor dos meus problemas.

Foi aí que tive uma ideia.

Lembrei que no meu primeiro dia de treino, quando caminhei pela orla de Salvador, em boa parte do tempo eu escutei música pelo celular.

E isso fez o tempo passar mais rápido.

No Caminho de Santiago, a minha proposta era ficar o mais tecnologicamente desconectado possível.

Tanto que, acho que ainda nem comentei, eu apenas conectava pela internet uma vez por dia.

Mandava uma foto no grupo whatsapp da família, dizia em que cidade estava, quantos km tinha percorrido, e que estava tudo bem.

Na minha cabeça, se eu escutasse música eu "perderia a conexão" com O Caminho.

Eu não queria que nada pudesse estragar a intensidade da minha experiência.

Eu QUERIA ouvir o som do silêncio.

Essa era uma visão "romântica" do Caminho de Santiago.

Na prática, e especificamente naquele dia, eu não estava ouvindo SILÊNCIO nenhum!

Muito pelo contrário!

Minha mente borbulhava de pensamentos cruzados, e o MEDO tomava conta de mim.

Eu não sei precisar exatamente do que eu tinha medo, mas agora... ao escrever esse texto.... a melhor palavra que posso utilizar é FRACASSO.

Eu tinha medo de fracassar.

Aqueles 35km eram até aquele momento, e na teoria, o meu maior desafio.

E aquele MALDITO relaxante muscular que eu SABIA que não devia ter tomando inteiro estava me deixando GROGUE.

Além do medo, eu sentia CULPA por não ter dado ouvidos ao conselho de LARISSA.

- Puta que pariu! Que merda eu fui fazer....!

Então, foi nesse turbilhão que eu resolvi ligar o Spotify no celular e colocar o fone de ouvido.

“Talvez a música me acalme”, foi o que pensei.

Você já sabe que eu não tinha internet, e eu só tinha baixado 3 playlists:

O disco novo do U2.

As músicas do MEU LUGAR NO MUNDO, o evento na Chapada Diamantina que comentei nos primeiros capítulos.

Uma playlist chamada "Caminho de Santiago de Compostela" que baixei em Madri e ainda não tinha escutado uma música sequer.

Apesar do meu estado mental turbulento, eu estava em um lugar bem verde, fazia um sol lindo.

Dei o play no "Meu Lugar no Mundo" em modo aleatório.

Imediatamente toca uma música dos Titãs que todo mundo conhece, mas que até então não tinha nenhum significado especial para mim.

Escutei as primeiras estrofes...

Quando não houver saída
Quando não houver mais solução
Ainda há de haver saída
Nem uma ideia, vale uma vida

Quando não houver esperança
Quando não restar nem ilusão
Ainda há de haver esperança
Em cada um de nó, algo de uma criança

Enquanto houver sol
Enquanto houver sol
Ainda haverá

Eu não sei explicar, mas escutar isso naquele momento pareceu fazer um sentido transcendental.

Eu não escutava com a razão, escutava com meu corpo, com minha alma..

E foi me dando um arrepio... um formigamento nas mãos... algo estava acontecendo comigo e eu não sabia explicar....

Aí veio a segunda parte...

Quando não houver caminho
Mesmo sem amor, sem direção
A sós ninguém está sozinho
É caminhando que se faz o caminho

Quando não houver desejo
Quando não restar nem mesmo dor
Ainda há de haver desejo
Em cada um de nós, aonde Deus colocou

Enquanto houver sol
Enquanto houver sol
Ainda haverá

Ao ouvir essas estrofes eu simplesmente TRANSBORDEI.

Eu não sei explicar de onde veio aquele choro compulsivo...

Tive uma crise de choro que veio das mais profundas entranhas da minha alma...

Parecia que estava saindo alguma coisa de dentro de mim, um choro que eu não sabia que tinha guardado...

Eu não sabia explicar porque eu estava chorando, até hoje não sei direito...

A gente tem mania de querer RACIONALIZAR tudo, explicar em palavras, colocar um rótulo, uma categoria, uma descrição.

E qualquer coisa que eu venha dizer aqui é uma REDUÇÃO.

Quanto mais eu chorava, mais eu chorava, e mais eu tinha vontade de chorar, e então eu chorava.

E não tentei segurar esse choro... acho até que eu fiz força para ele sair ainda mais...

Logo que ele veio, eu tentei entender... "ei... porque estou chorando?".

Mas ele veio tão forte que eu simplesmente não resisti mais.

E deixei ele sair.

Quando eu pensei que tinha acabado, a playlist me dá outra porrada.

Olha a música que veio... uma versão do Jota Quest com Milton Nascimento:

Ei dor, eu não te escuto mais
Você não me leva a nada

Ei medo, eu não te escuto mais
Você não me leva a nada

E se quiser saber pra onde eu vou
Pra onde tenha sol
É pra lá que eu vou

E aí, você já sabe.... BUÁÁÁÁ BUÁÁÁÁ BUÁÁÁÁ.

Tome-lhe a chorar e chorar e chorar e chorar.

E num impulso aparentemente injustificável para alguém que estava querendo fazer uma viagem desconectada e interior...

... eu simplesmente resolvi gravar um vídeo.

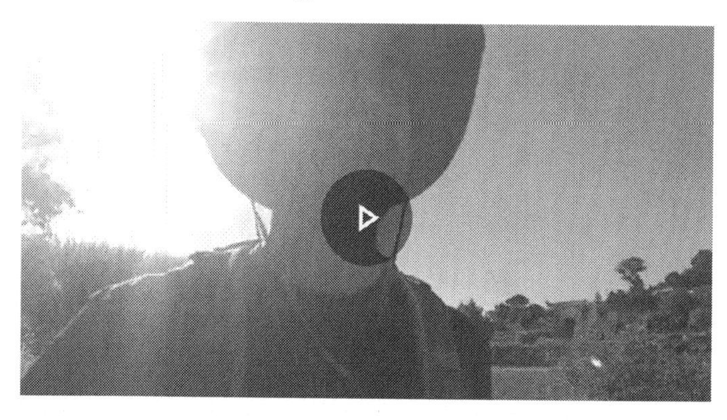

A primeira vez que chorei no Caminho

Aqui a transcrição exata dos 1 minutos e 28 segundos do que eu disse:

"Enquanto houver sol, enquanto houver sol, ainda haverá.

Eu não sei exatamente porque, ao começar a ouvir essa música eu comecei a chorar aqui...

Eu não sei nem porque eu estou gravando esse vídeo, mas...

... eu queria deixar registrado para a posteridade...

... o primeiro momento que eu chorei, chorei de verdade no caminho.

(suspiro)

Parece... parece que saiu um bocado de peso de dentro de mim...

... eu não sei nem o que era, eu não sei nem o que é.

(soluços)

Mas tá sendo muito bom tirar isso de mim.

(pausa. passos)

Tô com dor na virilha, tomei remédio, tô meio tonto... quase vomito...

Hoje é um dia de 35 quilômetros, e eu não sei se eu vou conseguir...

(pausa)

Nem sei se isso importa.

(suspiro. passos)

É caminhando que se faz o caminho.

(fungada. passos. suspiro profundo)

Isso aqui é um presente de Deus.

Estar aqui é um privilégio.

Enquanto houver sol, enquanto houver sol, ainda haverá."

Olha só, eu até já posso ter sido, mas não sou mais aquele tipo de pessoa que acha que "homem não chora".

Mas também não sou daquele que chora por tudo.

O fato é o seguinte....

Depois que eu gravei o vídeo eu me acalmei.

Eu me senti aliviado, leve, energizado, grato, conectado com o universo, entusiasmado, maravilhado, empoderado... e todos adjetivos que você possa encontrar.

A sensação é que aquele choro foi o maior PRESENTE que o Caminho poderia me dar até então.

Ele LAVOU todos os sentimentos de culpa, medo, raiva, decepção, tristeza, desapontamento, depressão...

... parece que aquele choro foi um ANTÍDOTO para todas as coisas não tão boas que já tinham me acontecido.

Aliás, foi tão intenso que até as ALEGRIAS não choradas de outrora eu acho que vieram juntas.

É claro que naquele momento eu não tinha CLAREZA sobre o significado daquele momento.

Eu só sabia que me SENTIA MELHOR.

E depois disso, quando passou o "susto", eu ri.

Ri muito, porque estava FELIZ.

O sentimento era de ter finalmente chegado DE VERDADE no Caminho de Santiago.

E agora tinha a plena certeza que estava em mim a força necessária para vencer os 35 quilômetros até Ponte de Lima.

Eu estava no CAMINHO CERTO.

E nada iria me deter até chegar a Catedral de Santiago.

The Wet Hat Group (Ou "O Grupo Do Chapéu Molhado")

Mais disposto e confiante, consegui acelerar o passo sem grandes dificuldades.

A virilha incomodava pouco, porque na verdade eu estava relaxadão até demais por causa do relaxante muscular.

A ânsia de vômito passou, mas eu ainda me sentia em *slow motion*, em "câmera lenta", como se eu tivesse meio de pileque.

Foi então que encontrei um grupo de 5 casais canadenses, na faixa de 65 anos de idade.

Um dos homens, Joel, era nascido em Portugal e tinha dupla cidadania.

Começamos conversando em português, e aos poucos fui trocando ideias com várias pessoas do grupo.

Não lembro muito o que conversei, eu ainda estava meio em transe (rsrsrs), mas andei junto com essa turma por uns 10 quilômetros.

Bem humorados e inteligentes, eles faziam uma espécie de Caminho de Santiago Primeira Classe.

Em cada cidade já tinham bons hotéis reservados (não ficavam nos albergues municipais) e também tinha contratado o transporte para suas bagagens.

Cada um levava apenas uma pequena mochila ou sacola com lanches, água, o mínimo necessário.

Fazia muito calor, e para nossa sorte passamos por muitas fontes onde podíamos beber água fresca e encher nossas garrafinhas.

Eu sempre aproveitava para molhar a cabeça inteira, foi quando um deles, Gerry, disse "*Hey... it 's a good idea*" (Ei, isso é uma boa ideia!).

Ele começou a fazer o mesmo que eu, e lá para adiante quase todos molhavam suas cabeças, e ainda aperfeiçoaram o método:

Eles molhavam também seus chapéus ou bonés e colocavam na cabeça.

Internamente, comecei a chamá-los de "o grupo do chapéu molhado".

Naquele dia eles não andaram os 35 km, pararam em alguma cidade no meio do caminho e iriam de Van até Ponte de Lima.

Nos despedimos com sorrisos no rosto.

Eles tornaram a primeira metade do meu caminho muito mais suave.

Foi bom passar um tempo junto com eles.

Diferente dos dois primeiros dias de caminhadas solitárias, nesse terceiro dia eu não queria mais ficar sozinho.

E fiz com que eles me “adotassem” :-)

Parei uma ou duas vezes para lanchar, e nos 15 quilômetros finais fui encontrando cada vez mais peregrinos.

Pouco depois de me despedir do "grupo do chapéu molhado" eu tive outro encontro também muito interessante.

Lembra que eu falei que no albergue da noite anterior eu tinha visto uma oriental mancando bastante, com uma grande dificuldade de andar?

Não é que ela "apareceu" bem do meu lado?

Ela mancava um pouco, mas estava indo bem.

Eu não comentei que a tinha visto no albergue, nem ela fez nenhuma referência a mim, mas começamos um papo bem legal.

Contei a ela sobre minha virilha e ela me explicou que tinha uma bolha gigante na sola do pé direito.

Eu podia caminhar mais rápido, meu corpo parecia que era de borracha de tão relaxado. Eu era o verdadeiro homem elástico.

Era até perigoso, porque por duas vezes eu escorreguei em um terreno de cascalho. Por muito pouco eu não tive uma torção feia, pois meu pé chegou a virar, mas creio que a bota de cano médio ajudou a segurar a onda).

Ela perguntou sobre a minha história, contei sobre a minha terapeuta Camila, a provocação de "fazer uma viagem só", tudo o que você já sabe.

A sul-coreana Iuna (vamos chamá-la assim, porque ela tentou pronunciar e soletrar 3 vezes, mas essa grafia é o mais próximo que consigo chegar) vivia um dilema profissional.

Era esta a sua razão para estar no Caminho.

Funcionária de um instituto público de pesquisa na área química, aos 30 e poucos anos ela havia sido promovida a um cargo de chefia.

E sofria com a burocracia, a falta de desmotivação de alguns e a necessidade de resolver conflitos interpessoais.

Qualquer semelhança com o Brasil NÃO é mera coincidência, né?!

A gente às vezes pensa que em países "de primeiro mundo" como é a Coréia do Sul, essas coisas não existem.

Existem sim!

O Caminho de Santiago estava me mostrando o quanto os problemas das PESSOAS são UNIVERSAIS.

Compartilhei um pouco da minha experiência de 20 anos de empresa pública, mais da metade dele em cargos de gestão.

Contei um pouco do trabalho que vinha desenvolvendo sobre Times de Alta Performance, baseando-me no Projeto Aristóteles da Google.

O papo fluía, falei para ela sobre Segurança Psicológica, a liberdade que os membros do time sentem para expor suas ideias, sem ser ridicularizados ou excluídos.

E nisso os quilômetros foram passando... ela às vezes se mostrava um pouco constrangida por eu estar "atrasando meu passo" para acompanhá-la.

E eu é que agradecia por ter aquela conversa inteligente e ao mesmo tempo ajudar e ser ajudado.

Era visível que ela sentia muita dor, mas um bom papo durante o caminho pode funcionar para qualquer um.

Nessas horas, o melhor é se distrair e literalmente ESQUECER que está sentindo dor.

A rigor, a dor é um fenômeno neurológico.

Nós podemos "desligar" essa dor simplesmente pensando e fazendo outra coisa.

É como aquela criancinha que se joga no chão do mercado.

Se você der atenção demais, talvez o espetáculo de malcriação fique ainda pior.

Ignore-a e chegará a hora que ela desiste daquela cena desnecessária.

Iuna foi uma grande guerreira, conseguiu andar quase 30km

com aquela imensa bolha no pé.

Ela se despediu quando faltava de 5 a 6 km, ficando em um albergue que já tinha reservado pela manhã.

- *Buen Camino, Iuna! Hope to see you again!*

(Bom caminho, Iuna, espero ver você de novo.)

Agora, eu estava sozinho mais uma vez. E minhas pernas de maria-mole ainda tinha mais 6 km pela frente.

Breve descanso para mais um lanche, e lá fui eu para o trecho final.

Não lembro se eu escutei mais um pouco de música, se tive mais conversas rápidas com outras pessoas.

Eu entrei em estado de fluxo, *flow*, quando a gente faz o que tem de ser feito em modo inconsciente. Mesmo o que é difícil parece ser moleza.

(Assista Armandinho Macedo fazendo solos em sua guitarra baiana e você entenderá perfeitamente que é estar em estado de fluxo)

Nos últimos quilômetros, eu simplesmente foquei em dar mais um passo de cada vez.

- Só mais um passo...

- Só mais um passo...

- Só mais um passo...

E a chegada a Ponte de Lima margeando o rio e atravessando uma praça de frondosas árvores foi belíssima.

Surpreendentemente, eu estava num estado muito melhor do que eu poderia imaginar no início do dia.

Sim, cansado, mas sentindo um ORGULHO imenso de mim mesmo por ter VENCIDO.

Depois de quase 35 km.... A chegada a Ponte de Lima

Foi um dia intenso de desafios físicos e psicológicos.

As coisas que eu vi, ouvi e senti... as pessoas com quem conversei... as histórias trocadas... tudo fez parte.

Ao atravessar a ponte e chegar no albergue municipal, tirei uma foto para a família e gravei mais um videozinho para mim mesmo.

E, olha quem está na bem minha frente na fila...

A alemã Miriam, a primeira pessoa com quem fiz "amizade" logo no primeiro dia!

Ficamos felizes em nos ver!

Ainda na fila, conectei no wifi e mandei notícias pro pessoal de casa.

Neste dia eu tinha pensado e falado muito sobre eles.

E a saudade começou a apertar.

Depois, a rotina de sempre... conseguir quarto, tomar banho, lavar roupas e ir COMER!

E quem eu encontro?! Lyndon John, o meu 2º amigo, o policial cibernético inglês, o *Sr. Smeágol*!

Fomos juntos procurar uma farmácia para comprar comprimido e pomada de Ibuprofeno (dia seguinte a virilha estaria lá, e eu não tomaria o maldito relaxante muscular por nada nesse mundo!).

Disse a John que queria COMIDA DE VERDADE.

Faminto, comi bife, arroz, ovo, salada e fritas.

Tomamos umas merecidas cervejinhas (perguntei na farmácia, o atendente disse que não tinha problema. Ufa!) e compartilhamos como tinham sido nossos dois últimos dias.

Jogamos um pouco de conversa fora, mas desta vez.... NADA DE EXCESSOS! (Lembra do bar do Sr. Fredericksen!?)

Às 21:30 já estávamos de volta para descansar e enfrentar mais um dia.

Minha mente e meu corpo estavam aprendendo a se ADAPTAR ao ritmo próprio que o Caminho exige.

Bem, para finalizar... você já deve imaginar...

A palavra que resume o meu terceiro e mais difícil dia de caminhada foi:

SUPERAÇÃO

DIA 4: JODY & MIKE

Ponte de Lima - Rubiães. 17,4 km.

Por volta das 4 da manhã eu comecei a ouvir os movimentos dos primeiros peregrinos se preparando para sair.

O caminho até Rubiães seria de 17,4 km, mamão com açúcar se comparado aos quase 35 do dia anterior, além do mais se comparado às minhas condições.

Coloquei os tampões no ouvido e continuei dormindo até umas 7h, quando a maioria já tinha saído.

Ainda assim, esperei até não ter ninguém.

Na verdade, eu fiz algo que era costume ali pelos meus 20 anos de idade.

Assim que minha mãe morreu aos 42 anos (ela teve um câncer de pulmão fulminante, que quando descoberto já havia metástase no cérebro. Em 3 meses ela se foi), eu e meus dois irmãos fomos morar na casa de meu pai.

Eu estagiava pela manhã, fazia faculdade de Informática à tarde, e já namorava com Larissa (que fazia faculdade de direito, também na Católica, só que matutino).

A verdade é que eu pouco ficava em casa.

Eu dividia quarto com meu irmão Léo, 8 anos mais novo do que eu.

Apesar de muito próximos nos primeiros anos dele de vida, essa foi uma época em que nos distanciamos.

Enquanto ele entrava com gosto na "aborrescência", eu entrava na "vida adulta".

Diferente do restante da família, eu e ele nunca gostamos de acordar cedo. E dividíamos o mesmo quarto.

Então, foram muitas as vezes que eu acordava para ir ao estágio, e ouvia o barulho das outras pessoas circulando na casa.

Eu ficava quieto, esperando aquele "ruído matutino" cessar para me arrumar o mais rápido possível e simplesmente engolir um suco, nescau ou vitamina e sair voando para começar o meu dia.

Sem. Falar. Com. Ninguém.

Eu digo sempre às pessoas que eu não acordo de "mau-humor", mas também não me peçam para acordar feliz e sorridente.

Eu acordo SEM humor.

E, durante muitos anos, esse foi o meu "modus operandi".

Quer me agradar de manhã? Simplesmente não me pergunte nada, não puxe conversa. Fale comigo o mínimo possível.

Aos poucos o meu sistema operacional carrega por completo e eu passo a ser uma pessoa sociável.

(Isso mudou um pouco de um ano para cá, e hoje eu gosto de acordar cedo. Mas isso é outra história).

Então... voltando ao albergue municipal de Ponte de Lima, foi EXATAMENTE isso que eu fiz naquela manhã.

Esperei todo mundo sair e pude desfilar o meu "não humor" sozinho, sem ter que dar nem responder o bom dia de ninguém.

Lá pelas 8 da manhã todo mundo já tinha saído, pude usar o pequeno e concorrido banheiro SOZINHO.

Ao arrumar minha mochila eu notei um cara pequenininho, magrinho, parecia uns 10 anos mais velho do que eu.

Vestia short branco, camisa amarela, pele bronzeada, cabelos cacheados e um saco amarelo nas mãos, andando de um lado pro outro. Parecia uma pessoa simples.

Ele tinha uma cara meio de "doidinho", algo nele me chamou a atenção, me deixou intrigado, mas o meu "não humor" me impediu de cumprimentá-lo.

Ao descer as escadas peguei na estante a última bota que ainda restava.

Minhas botas solitárias

Procurei algum lugar para tomar café ali por perto, mas não achei.

Como eu estava com fome e não sabia exatamente o que iria encontrar pelo caminho naquele dia, peguei o caminho contrário ao das setas amarelas.

Atravessei a ponte de volta, em direção a Ponte de Lima, em busca de um "pequeno almoço", como dizem os portugueses.

Na minha direção vinha uma peregrina que me parecia familiar. Estava de chapéu, andava rápido, e tinha traços orientais.

"Ei... eu conheço essa moça".

Nossos olhares se trocaram por frações de segundo, mas ela baixou a cabeça exatamente quando eu percebi que era Iuna!

Pelo jeito ela tinha conseguido recarregar as energias, na sua última parada. E provavelmente tinha saído bem cedo, para compensar o trecho menor do dia anterior.

Tive vários pensamentos... "será que é ela mesmo?", "então porque não falou comigo?", "talvez não tenha me reconhecido", "mas só pode ser ela... não tem outra sul-coreana mancando por aqui nesse trecho....", "que merda, deixei ela passar sem dizer nada!".

Eu queria ter dado um abraço nela, parabenizá-la por ter conseguido, mas simplesmente deixei ela passar por mim sem olhar para trás.

Mais uma vez essa minha bendita ausência de bom-humor...

Encontrei um lugarzinho aberto, tomei um suco com sanduíche de presunto, abasteci minha garrafinha d'água e mais uma vez atravessei a ponte, desta vez em definitivo, rumo a Rubiães.

As anotações que fiz baseadas no site gronze.com diziam que seria um trecho bonito e que haveria uma subida, a maior até então, mas que não seria nada para se preocupar.

Lá fui eu.

Minha virilha incomodava um pouco (tava tomando Ibuprofeno e passando pomada), mas eu me sentia descansado e bem disposto.

Eu tinha vencido os 35 km do terceiro dia, contra todas as adversidades, estava confiante que o dia 4 seria tranquilo.

Caminhei sozinho por 2 ou 3 quilômetros, eu e meus pensamentos.

Fiquei lembrando de tudo o que aconteceu comigo no dia anterior, tentando achar um significado lógico, uma "lição de moral".

Pensava nas pessoas que eu já tinha encontrado, nas histórias que eu tinha escutado... John, Miriam, Jean Marie, Iuna... crescia em mim uma vontade de contar essa experiência para mais pessoas.

E à medida que eu caminhava e divagava, minha virilha direita me trazia para a realidade me dizendo "ei... eu estou aqui... e estou doendo!".

Meus pensamentos felizes começavam a dar espaço para aquele sentimento de "zorra... nem brinque viu, virilha?! nem venha atrapalhar o meu Caminho".

Exatamente quando um certo desânimo ameaçava me pegar, avistei duas pessoas caminhando uns 30 metros à frente.

Um homem caminhava um pouco à frente, maior e mais corpulento.

Uma senhora loira e mais baixinha, vinha um pouco atrás.

Não caminhavam rápido, e mesmo meio capengando eu percebi que logo os alcançaria.

Assim, sem pensar muito, fui acelerando um pouco o passo... eu me sentia estranhamente atraído a me aproximar do casal.

Foi aí que a senhora virou o rosto para trás, não sei se ela ouviu meus passos (eu ainda estava um pouco distante) ou "sentiu" minha presença...

Só sei que ela abriu para mim um largo e branco sorriso tão gostoso, que eu senti como se ela tivesse me dado um abraço bem amoroso e apertado.

Sério, não tô exagerando.

Na hora, eu disse a mim mesmo: "eu tenho que conversar com essa senhora, tem alguma coisa me puxando a até ela!".

Ao me aproximar, pude ver de perto aquele mesmo sorriso. E, claro, eu também cheguei sorrindo.

Nossa conversa começou de forma bem natural.

Ela explicou que andava mais atrás porque tinha tomado uma queda na escada do hotel da noite anterior. Nada grave, mas as costas estavam um pouco doloridas.

Começamos pelas amenidades, de onde você é, quando começou a caminhar... até que o senhor à frente atrasou o passo e veio também se apresentar.

Os norte-americanos Jody e Mike estavam ali para curtir a natureza.

Um casal bem sucedido, filhos criados, netos, pareciam ter uma espiritualidade aguçada.

Jody carregava um guia especial do caminho português, pois além dos trechos técnicos, tinha sempre uma sessão mística contando alguma lenda, algum fato curioso sobre a história daquela região.

Entendi... ela era uma espécie de "Bruxa do bem". Está cheio delas por aí... muito mais do que a gente imagina.

Mike tinha um tom professoral e agregador. Ele me contou que estava aposentado do "mundo corporativo" e agora procurava a felicidade.

Em sua cidade, coordenava as reuniões do *Mankind Project*, uma espécie de comunidade mundial só para homens.

O objetivo: conversar sobre os seus sentimentos, seus problemas, suas emoções. E promover desenvolvimento.

Em geral, nós homens não gostamos de abrir nossos corações,

muito menos assim, na frente de tantas pessoas.

E terminamos resolvendo nossos problemas nas força bruta, na bebida, nas drogas, no trabalho, nos excessos.

Acho que isso está mudando... precisa mudar, na verdade.

Eu costumava ser uma concha fechada que quase ninguém conseguia acessar, paguei o preço por isso e me obriguei a mudar e me conhecer mais.

Hoje estou aqui escrevendo para você, contando minhas histórias e vulnerabilidades.

E me sinto bem com isso :)

Fiz várias perguntas a Mike, fiquei curioso em saber mais sobre esse projeto que parece ainda não ter projeção no Brasil.

Mike e Jody se mostravam pessoas especiais, dessas que não apenas se preocupam, mas AGEM para espalhar o bem e tornar o mundo melhor.

Eles se mostravam um casal inteligente, que sabem respeitar um o espaço um do outro.

Conforme caminhávamos, compartilhávamos nossas histórias (contei para eles da "minha viagem só" e do desafio de estar comigo mesmo).

Conversei com cada um separadamente, e também com os dois juntos. Eles faziam um rodízio quase que ensaiado, em um sincronismo perfeito.

Notei uma cúmplice troca de olhar entre eles, e por um momento acho que escutei um comentário do tipo "era ele que estávamos esperando".

Papo super agradável, eu não sentia mais o tempo passar nem a virilha incomodar.

Paramos em um lugarzinho simpático para um lanche, acima de

um riozinho onde tinham um pequeno criatório de peixes.

Pedi suco de laranja, banana e maçã. Eles foram de sanduíche. E não me deixaram pagar a conta.

À mesa, aquela cumplicidade entre eles ficou mais clara.

Talvez por causa desse misticismo, eles tenham sido "avisados" por algum guru desta ou de outra dimensão que "alguém como eu" toparia com eles pelo caminho.

Mike contava suas experiências, parecia querer me ensinar algo, estava mais falante, fazendo perguntas poderosas.

Jody observava.

Em algum momento eu perguntei: "E você, Mike? Qual é a sua razão para fazer este caminho?".

Ele pensou um pouco e respondeu: "Eu às vezes sinto que eu não sou um líder tão bom quanto as pessoas acham que eu sou, estou querendo trabalhar isso".

Entendi que ele estava falando do *Mankind Project*.

De bate-pronto, retruquei: "Pois neste pouco tempo que temos juntos, eu acho que você é um grande líder. Porque você está tão relutante em aceitar o grande líder que você é?"

Mike ensaiou uma resposta, gaguejou, e se rendeu: "Ok, eu não tenho uma resposta para isso. Preciso pensar.".

Jody caiu de imediato numa bela gargalhada, e explicou:

"Mike achava que você viria em nosso caminho para que ELE ensinasse algo a você. E aconteceu o contrário, é VOCÊ que está dando a ele uma grande lição".

Caímos os três na risada enquanto o tempo parecia simplesmente ter congelado.

Retomamos a caminhada por mais algum tempo, como se fôssemos amigos de longa data.

Naquele dia, eles ficariam em um hotel ali pelo quilômetro 12.

Por causa da idade e das dores nas costas de Jody, eles tinham resolvido andar um trecho menor, e deixar a subida para o dia seguinte.

Em algum momento, não lembro bem porque, Jody me disse que gostava de dar nome às suas coisas. A sua mochila branca, por exemplo, se chamava Priscila.

Adorei a ideia, e disse a ela que a partir daquele momento a minha mochila também teria um nome: Labruja.

Este é o nome da subida que eu teria que enfrentar neste 4º dia, mas que eles deixariam para o dia seguinte.

Lembrei a ela que Labruja, em espanhol vem da "La Bruja", ou "A Bruxa". Deve existir alguma lenda mística sobre isso no guia de Jody.

Então eu disse a ela: "Minha mochila vai se chamar Labruja em sua homenagem, a maravilhosa bruxa (*the witch*, em inglês) que encontrei no meu Caminho de Santiago.

Quando chegamos no Hotel O Conforto (parecia bem confortável mesmo!), senti meu coração apertado.

Era hora da despedida.

Tiramos uma foto juntos, anotamos nossos contatos Facebook e eu disse a eles com a voz embargada:

"Jody, Mike. Ontem eu quase tive que desistir do caminho por causa da minha virilha e do remédio potente que eu tomei e me deixou grogue.

Hoje, exatamente quando eu começava a sentir dor e a ficar preocupado, encontrei vocês dois no meu caminho.

Passamos um maravilhoso tempo juntos, a minha dor praticamente sumiu e eu serei eternamente grato.

Hoje vocês foram meus ANJOS no caminho de Santiago".

Eu, Mike e Jody, os dois anjos que encontrei no Caminho

Depois de abraços carinhosos e a promessa de mantermos contato, eles foram para o conforto, enquanto eu ainda tinha mais uns 7 km pela frente.

Andei menos de 30 segundos quando pelo segundo dia consecutivo as lágrimas caíram dos meus olhos.

Só que desta vez o meu coração estava simplesmente inundado de amor e uma inexplicável e imensurável gratidão.

Mais uma vez algo de mágico acontecia comigo e me ajudava a esquecer a dor e avançar.

Labruja

Pouco depois o terreno mudaria e passava a ser de cascalho e subidas por dentro de bosques.

Eu tinha decidido não comprar bastões de caminhada e nem

usar um cajado de madeira, e até então não havia sentido falta.

Cheguei a quase me arrepender de não ter comprado um, quando percebi que estava no meio do mato, portanto haveria de encontrar um bom cajado na natureza.

Achei um galho meio tortinho, mas com uma boa pegada, e ele foi meu companheiro por alguns quilômetros.

Em uma das subidas de Labruja, encontrei uma alemã sozinha, sentada em frente à uma das cruzes do caminho.

Disse olá e sentei-me ao seu lado para um breve descanso.

Seu nome era Andrea, deveria ter na faixa de 50 anos e não conseguia esconder a felicidade estampada em seu rosto.

Ela me contou duas coisas interessantes...

A primeira delas foi que há 4 dias tinha chegado a Porto com 2 amigas de Berlim. Acontece que o vôo chegou de madrugada, e não havia nenhum transporte para a cidade.

As 3 resolveram andar cerca de 16 quilômetros em plena madrugada até outra cidade (não lembro o nome), mais próxima de Vilarinho, a parada número 1 após Porto.

Mentalmente, apelidei-as de "*as dark walkers*", as caminhantes noturnas alemãs, e fiquei intrigado do porque elas três não estavam juntas.

A outra coisa que ela contou foi que há 5 anos tinha feito esse mesmo Caminho.

E naquela ocasião, exatamente neste mesmo ponto, ela estava precisando de uma "*big rock*", uma grande rocha deixar aos pés daquela cruz, prática comum entre os peregrinos.

Ou seja, ela devia ter algum problemaço que precisava deixar para trás.

Hoje, 5 anos depois, ela disse que não precisa de pedra nenhuma.

E que estava com vontade de sorrir e gritar.

Curioso sobre que problemão seria aquele do passado, pensei: "Gostei dessa moça, ela parece ter boas histórias para contar".

Infelizmente, ela partiu na mesma rapidez em que compartilhou esses acontecimentos tão íntimos com um brasileiro que tinha acabado de conhecer.

Dois australianos resolveram parar no mesmo local.

Um deles era *Simon, o* outro eu não lembro, mas não importa, porque o engraçadinho aqui fez uma piada nada original e disse, "vou te chamar de *Garfunkel*!

Percebendo o crescimento do grupo, Andrea levantou-se de supetão e declarou, parecendo se esforçar para se fazer compreendida em inglês:

"Ok rapazes, foi muito bom estar com vocês, mas eu gosto de caminhar sozinha e no meio próprio "tempo" (reparei que ela usou exatamente essa palavra TEMPO, em português).

Com uma pontinha de desapontamento (afinal eu queria ouvir mais suas histórias), disse que entendia perfeitamente e nos desejamos Buen Camino!

Saí poucos minutos depois, deixando Simon e Garfunkel ainda por lá.

Logo, logo cheguei a uma das paisagens mais belas de todo o caminho português, uma espécie de mirante natural em cima de uma montanha...

... num platô de rocha que dava para sentar ou deitar (foi o que eu fiz) enquanto se contempla a maravilha da Criação manifestada naquela indescritível paisagem.

Labruja: Depois da subida, a recompensa

Fiquei ali por bons minutos, tirei fotos e gravei um videozinho, ainda sentindo aquela gratidão da conversa com Jody e Mike. E imaginando como eles também vão curtir estar ali.

Por perto havia uma antiga igreja de pedra e uma fonte de água pura e geladinha, onde pude beber, molhar a cabeça e encher minha garrafinha.

Ao sair dali encontrei um dos casais canadenses do *Wet Hat Group*, o grupo do Chapéu Molhado que tinha me feito companhia na caminhada do dia anterior.

Avisei a eles sobre essa fonte, onde eles poderiam continuar a tradição de molhar a cabeça.

Gentilmente, Gerry e Marie me ofereceram um sanduíche que parecia delicioso.

Com vontade de aceitar, e envergonhado não sei porque, educadamente recusei.

Porque será que a gente vive se negando a fazer coisas que está com vontade, enquanto vive fazendo coisas que não está nem um pouco a fim de fazer?

Resultado: Logo que acabou a subida, eu parei na primeira barraquinha que apareceu e me recompensei com dois chocolates e uma coca-cola gelada.

Nada natureba, eu sei, mas foi pra compensar o arrependimento de ter negado por duas vezes sanduíches de gentis casais Mike e Jody (tudo bem, nessa hora eu não queria mesmo), Gerry e Marie (eu estava com fome... ô arrependimento rsrsr).

Adeus, meu Cajado... foi bom enquanto durou

Percebi que dali em diante seria só descida, deixei meu cajado encostado em uma árvore, e no chão com ele escrevi BUEN CAMINO, agradecido pela força que aquele companheiro tinha me dado em Labruja.

Definitivamente a paisagem daquele 4º dia foi realmente incrível, a chegada em Rubiães foi bem tranquila, a virilha se comportou bem.

Rubiães

Apesar de ter saído tarde, cheguei no Albergue por volta das 15hs.

Aliás, o albergue de Rubiães é um show à parte.

Fica num lugar lindo em cima de uma pequena montanha, e ao seu lado, logo notei uma lanchonete bem bonitinha e um bonito e convidativo gramado.

Entrei no albergue exatamente junto com um senhor careca e magro, que caminhava de tênis e sem meias.

Tentei dar a vez a ele na recepção, mas o espanhol Coldo insistiu que eu fosse primeiro. Aceitei.

O atendente explicou o funcionamento, carimbou minha credencial peregrino, olhou meu passaporte e anotou meus dados, enquanto eu paguei os 6 dólares de taxa.

Foi aí que ele ficou na dúvida: "Você me deu o dinheiro?".

Eu disse que sim, e tinha (quase) certeza disso.

Foi engraçado vê-lo consultar a câmera de vigilância ali na minha frente, para tirar a prova dos nove.

E mais engraçado ainda foi ver o momento preciso em que o dinheiro foi entregue, exatamente como eu havia dito.

Mesmo assim, fiquei apreensivo para provar que eu não estava doido, e que falava a verdade.

Em nenhum instante o atendente foi deselegante. Ele realmente parecia meio atrapalhado, enão acho que consultar o vídeo foi mais para ELE não ficar louco.

Isso me fez pensar "porque algumas pessoas às vezes tem o poder de nos desestabilizar, e mesmo quando estamos convictos elas conseguem nos colocar em dúvida?".

Agora, escrevendo isso, eu acrescento mais uma pergunta: "Será que essas pessoas têm tanto poder assim sobre nós? Ou somos nós mesmos que DEIXAMOS elas assumirem um controle que é nosso?".

O lindo Albergue de Rubiães

A rotina de chegada no albergue você já conhece, então vou pular direto para a lanchonete ao lado.

Eu já sabia que andando um pouco mais encontraria um restaurante, então já tinha meus planos para a noite.

Naquela bela tarde a ideia era mais um petisco e uma merecida cervejinha né?!

Fiquei um tempo sozinho ali na parte de dentro, observando a paisagem e outros peregrinos que conversavam e davam risada.

Algum tempo depois vi a alemã Miriam sentar no gramado, com um caderninho em mãos.

Depois apareceu o espanhol Coldo, que fez o mesmo.

Vou lá para tumultuar! Rsrsrsrs

Cumprimentei os dois segurando uma long neck e perguntando, querem uma cerveja?

Miriam aceitou, Coldo não.

Sentamos ali no gramado e começamos a jogar conversa fora, contando um pouco das nossas experiências no Caminho. E na vida.

Coldo é escritor, cozinheiro e vegetariano! Contou ótimas histórias sobre as vezes que ele e sua equipe cozinharam em ginásios para peregrinos do Caminho de Santiago.

Ótimo papo, cara culto e educado.

Miriam disse que estava surpresa com a adaptação do seu corpo, e mostrou ser muito disciplinada com horários, alimentação e pausas para descanso.

Pensei: "se eu fosse assim, mais metódico, talvez não tivesse passado por alguns perrengues".

E então mentalmente acrescentei: "Foda-se, são os meus perrengues que me rendem as melhores histórias e lições. Vou pegar mais cerveja."

Algum tempo depois o meu amigo inglês John apareceu e se juntou a nós.

E mais um alemão sorridente chamado Stephan, com uma cara de doido parecendo o ator *Woody Harrelson*. O tipo de cara que você olha e pensa: "esse cara é gente boa!".

Sentado naquela grama, vivendo o PRESENTE com pessoas semidesconhecidas que pareciam agora as melhores amigas de infância, eu sentia o maior PODER do Caminho de Santiago.

As CONEXÕES que fazemos.

Com as pessoas.

Com nossos pensamentos.

Com nossas histórias.

Com nossas essências.

Com nossos sonhos.

Conversar com pessoas inteligentes sempre pode trazer bons insights.

Miriam, por exemplo, fez uma observação interessante. Ela disse:

"Bem... quando eu vim para cá eu achei que teria todo o tempo do mundo para PENSAR na minha vida, nos meus problemas nas minhas decisões a tomar.

Só que acontece TANTA coisa, tipo a gente tem que encontrar e seguir as setas amarelas, tem que caminhar, lanchar, beber água, parar para descansar, contemplar a natureza, encontrar albergue, lavar roupa, tomar banho, comer, dormir... enfim.... NÃO ESTOU TENDO TEMPO PARA PENSAR!

Essa está sendo uma espécie de *THINKLESS TRIP* (a tradução seria algo como: viagem de pensar menos)."

Caímos na risada!

Em vários momentos, o Caminho de Santiago é exatamente isso.

Antigamente, eu achava que seria extremamente monótono esse negócio de ficar caminhando dia após dia.

É totalmente o oposto.

Não tem nenhum dia igual ao outro.

E o tempo todo acontecem coisas.

O tempo todo.

Isso me fez lembrar um dos livros mais marcantes que li na minha adolescência, presente da minha madrasta Lica.

Cem Dias Entre Céu e Mar, de Amyr Klink.

O livro conta do planejamento à execução da travessia a remo do Oceano Atlântico, partindo da África e chegando até o litoral baiano, mais precisamente em Itacimirim.

"O que um cara desse vai contar de interessante estando SOZINHO em um barquinho durante 100 dias? Esse livro deve ser um póóóórre".

Não tem nenhum dia igual ao outro.

O tempo todo acontecem coisas.

O tempo todo.

Outro *insight* interessante veio de Stephan.

Enquanto estávamos ali papeando, bebendo cerveja e dando risada, absolutamente NINGUÉM se lembrou de tirar uma foto.

Todo mundo 100% no presente.

No Brasil, em situações "normais" eu DUVIDO que isso acontecesse.

Às vezes nós estamos muito mais preocupados em mostrar que somos ou estamos <*qualquer coisa*>, do que verdadeiramente em SER ou VIVER <*a coisa em si*>.

É preciso DESCONECTAR para CONECTAR.

Stephan fez essa observação sobre ninguém ter fotografado nem postado nada, acrescentando:

Também, pudera. As pessoas esperam que a gente esteja SOFRENDO aqui no Caminho de Santiago.

"Como vamos postar a gente rindo, bebendo cerveja entre amigos e num lugar maravilhoso desses? Vão achar que o Caminho é uma farsa!".

Mais uma vez caímos na risada, que tarde MARAVILHOSA aquela!

(Esqueci de dizer, enquanto lá estávamos, Iuna chegou mancando muito, entrando no albergue! Chamei ela para ficar com a gente, mas ela parecia estar com muita dor, acenou agradecendo e se recolheu).

Aos poucos a turma foi se recolhendo, e para variar os últimos dos moicanos fomos eu e John.

A fome já estava batendo, fiz a proposta: "E aí John, vamos comer alguma coisa de verdade?".

Encontramos um restaurantezinho a cerca de 500 metros abaixo.

Pedimos um menu peregrino, com vinho verde típico em Portugal. Eu fui de bacalhau, ele de frango.

Papo vai, papo vem, notamos a chegada de uma moça na mesa ao lado, sozinha, olhando o celular.

Simplesmente perguntamos "Peregrina?" e logo Carmen juntaria sua mesa à nossa.

Pouco depois, chegou Coldo, e ficamos em quatro conversando fiado, tentando compreender as culturas dos nossos países, aprendendo e ensinando palavras novas em espanhol, inglês, português e... romeno.

Carmen era uma típica romena nascida na Transilvânia, o que inevitavelmente leva a piadas sem graça sobre Conde Drácula e vampiros e "cuidados com o pescoço à meia noite".

Ainda bem que ela está acostumada e leva na esportiva.

A história de Carmen era bem interessante.

Estudante e visivelmente apaixonada por Odontologia, com seus vinte e poucos anos ela mostrava uma impressionante garra de quem tem o mundo inteiro pela frente.

Seu sonho é trabalhar com ortodontia. E com crianças.

Não ficou muito claro exatamente o que ela estava buscando ali no Caminho de Santiago, mas nas entrelinhas (eu e John comentamos depois) parecia estar algum romance mal resolvido.

Agora, o mais louco era o seguinte...

Na verdade, Carmen fez um trecho do Caminho Francês, caminhando por duas semanas.

O plano original era fazer isso sozinha, mas na primeira semana uma amiga resolveu acompanhá-la por um trecho.

Na segunda semana, outra amiga assumiu o posto. Era uma espécie de Carmen Turismo.

"Ao chegar a Santiago de Compostela, notei que eu não tinha conseguido ficar sozinha. Eu precisava de tempo para mim!" - ela exclamou.

Foi por isso que Carmen resolveu continuar sua jornada, fazendo o Caminho Português de Santiago AO CONTRÁRIO!

Ela estava partindo de Santiago de Compostela rumo a Porto, portanto enquanto nós estávamos no 4º dia ela estava em sua terceira semana, faltando 4 dias para concluir sua jornada.

Agora me vem o pensamento do "porque fazemos o que não queremos para agradar os outros enquanto estamos desagradando a nós mesmos?".

Enfim... tivemos um jantar inteligente e divertido, e ao final brindamos em 5 línguas, acrescentando romeno ao nosso repertório:

Salud, Saúde, Cheers, Prost e ***Noroc****!*

Chegamos de turma em nosso albergue que já estava quase fechando as portas (22h é o limite).

Um grupo de italianos animados ainda tomavam vinho, após comerem a própria comida que fizeram na cozinha do albergue (e que imagino que devia estar ótima).

Acenamos com sorrisos e subimos aos nossos aposentos.

Bem... confesso que eu secretamente desejei conhecer pelo menos um daqueles italianos. Eu não teria recusado um convite para uma taça de vinho. Não se pode ter tudo.

Nosso quarto devia ter uns 15 beliches, e pela primeira vez fiquei na cama de cima, pois idosos têm prioridade para ficar na de baixo.

Subi com certa dificuldade, por causa da virilha.

Logo percebi que precisaria de algo para me ajudar a desligar a mente agitada.

Coloquei meu fone de ouvido, liguei o Spotify em uma trilha de música para dormir e fui conseguindo relaxar.

Para alguém que imaginava fazer "uma viagem só", foi um dia bastante intenso, rico e divertido.

Fiquei relembrando das pessoas e momentos incríveis que eu estava vivendo... e não demorei para pegar no sono.

Eu estava MESMO gostando daquela nova rotina e sentindo que eu agora estava realmente VIVENDO o Caminho de Santiago em sua plenitude.

Como você deve imaginar, não existe outra palavra mais adequada para o meu dia número 4:

GRATIDÃO

DIA 5: ANDREA

Rubiães - Tui. 19,1 km.

Do alto do segundo andar do meu beliche, acordei umas 7 horas da manhã, me sentindo bem disposto.

Eu nem precisei ficar enrolando para esperar o povo sair, a maioria já tinha se mandado.

No quarto coletivo, o silêncio só não era absoluto por causa do já familiar ruído dos peregrinos arrumando suas mochilas, preparando-se para mais um dia de caminhada.

Já de pé, ao me juntar a eles neste mesmo ritual, percebi que eu conhecia todos os que ali estavam.

Era a "minha galera": John e Miriam, que eu já conhecia desde o primeiro dia, e também o alemão Stephan e a romena Carmen.

Resolvi quebrar aquele quase silêncio.

Pelas janelas abertas dava para ver que fazia mais um lindo dia de sol.

Conectei o no Wifi, abri o Spotify e sem dizer nada coloquei "Beautiful Day" do U2 no volume máximo.

Todos levantaram suas cabeças para ver de onde via a música, e sorriram ao perceber que o maluco era eu.

"Thanks for the music!"

"Thanks about that!"

"I loved it!"

"Obrigado pela música, amei", eles diziam agradecendo aquele alegre início de dia.

E foi assim que uns dançando, outros cantando (e todos sorrindo) iniciamos nosso último dia de Portugal.

Com exceção de Carmem, que fazia o caminho inverso rumo a Porto, tínhamos apenas 19 km até Tui, na Espanha.

Stephan e Miriam se mandaram na frente, nos despedimos de Carmem e tomei meu café da manhã junto com John na simpática lanchonete ao lado do albergue.

Já no Caminho, John andava rápido e logo se distanciou.

Minha virilha ainda incomodava, mas eu me sentia tranquilo.

Na companhia de um novo cajado de madeira que encontrei logo no início do dia, fui seguindo no meu ritmo.

Andei sobre antigas pontes medievais...

Bati um papinho com um holandês meio quietão chamado Johann...

Passamos juntos pelo cozinheiro-escritor Coldo, que contemplava a paisagem registrando algo em seu bloquinho, provavelmente para o seu próximo livro...

Tomei um delicioso *Soul Shake*, um suco de frutas bem gelado e refrescante...

Passei por uma placa em Cossourado, onde se diz que no início dos anos 90 surgiu a primeira seta amarela do Caminho de Santiago...

Ou seja, tudo ia normal... nada de extraordinário.

Algumas horas depois eu já estava caminhando na entrada da cidade de Valença, a última de Portugal.

Com fome e cansado, me despedi do meu cajado, que ficou encostado em uma árvore, e resolvi procurar um lugar para comer algo e esticar as pernas.

Após alguns minutos, eu notei mais à frente uma peregrina caminhando sozinha.

Ela tinha os cabelos escuros, quase avermelhados em tom de doce de caju, e carregava uma mochila de um laranja esquisito, meio cor de vatapá.

(Quando se está com fome... as analogias com comida são bem comuns, rsrsrs)

Eu conheço essa moça...

Quem é meu Deus?

...

Já sei!

Andrea!

Era aquela alemã que encontrei na frente da Cruz, subindo o morro de Labruja.

Adiantei o passo e logo estava ao lado dela.

"Oi Andrea... lembra de mim?!"

"Hi! Of course... the guy from Brazil.... Serge... am I correct?"

(Olá! Claro... o rapaz do Brasil... Serge... estou certa?).

Andrea tinha um astral, uma energia diferente, eu não sabia explicar.

Mais uma vez ela estava só, em seu próprio tempo, porque as duas amigas pareciam ter um ritmo diferente.

Conversa vai... conversa vem... vimos uma praça larga com uma fonte.

Uma água fresquinha cairia muito bem, pois a da minha garrafa já estava quente.

Colocamos a mochila em um banco, e quando já íamos abastecer notei uma placa que dizia algo como “água não recomendada para consumo”.

Estranho.

Todas as fontes no caminho tinham água boa...

Enquanto debatíamos se íamos beber ou não, aproximou-se um casal de franceses, o pai carregava nos ombros um menininho loirinho de olhos, que devia ter uns 2 anos.

Eles entenderam o nosso dilema, e explicaram que a água era boa.

O pai do garotinho traduziu que o aviso queria dizer mais ou menos isso: “Beba, mas não venha processar a prefeitura se você se sentir mal, ok?”.

Entendemos o recado.

Agradecemos a gentileza daquela simpática família, e enchemos nossas garrafas.

Fazia um calorão, não havia nada por perto sinalizando comida.

Andrea, que era vegetariana, começou o diálogo:

- Eu tenho 1 fatia de pão e um pedaço de queijo, é suficiente para nós dois.

- Eu só tenho uma maçã.

- Uma refeição perfeita, vamos dividir?

- Combinado!

Sentados naquele banco de praça, compartilhávamos a nossa refeição e conversávamos sobre a vida.

Ela contou trabalhar como cuidadora de idosos em Berlim, depois de vários outros empregos.

O mais curioso deles foi quando trabalhou com macacos, a descrição dela sobre as artimanhas de sedução sexual dos primatas foi impagável, demos muita risada.

Não lembro quanto tempos ficamos lá, mas em algum momento eu claramente me percebi olhando aquela cena de fora.

Eu me vi passando pela rua, olhando aqueles dois quase indigentes, sujos, suados, comendo em um banco de praça, e rindo alto.

E me vi julgando... "olha aqueles dois imundos, devem estar drogados".

Sabe... eu não me considero uma pessoa preconceituosa, eu gosto de respeitar a liberdade de cada um... mas naquele momento sublime eu fiz minha auto-análise.

Naquele momento eu entendi o quanto eu, mesmo sem ser totalmente consciente, julguei mal um mendigo de rua...

... um pedinte no semáforo,

... um aleijado na porta da igreja,

... um andarilho sujo de pés descalços.

Naquele momento, eu me vi passando pela rua e olhando para mim, exatamente naquela situação que meu subconsciente poderia criticar.

Essas pessoas, todas essas pessoas, têm suas histórias de vida, de dificuldades, de superação, de derrotas e vitórias.

Quem sou eu para julgar alguém?

O mais interessante, é que todos esses pensamentos passaram pela minha cabeça ENQUANTO eu comia, conversava e sorria.

Foi uma espécie de processamento paralelo em background, eu não consigo explicar direito.

É como se existisse uma outra consciência, capaz de processar muito mais coisas em muito menos tempo.

Em frações de segundo essa outra consciência elaborou um pensamento complexo, que no fundo tinha o seguinte objetivo:

Ao me reconhecer como alguém crítico, humano, falível, exatamente como qualquer outra pessoa no mundo... imediatamente me perdoei.

Durante aquela refeição inusitada o meu subconsciente pediu perdão ao universo por todas as vezes que eu me senti superior a alguém.

Não sei se eu consegui explicar o que aconteceu comigo naquele banco de praça, mas foi um momento muito marcante nos meus então 44 anos de vida.

Eu disse a Andrea, e é a mais pura verdade, que aquela tinha sido sem sombra de dúvidas a minha melhor refeição no Caminho de Santiago.

O sabor daquele pão, daquele queijo, daquela maçã, daquela água, não saíram da minha memória.

Despido de vaidades, de orgulho, de preconceito, de máscaras, de papéis sociais, naquela praça estava a minha mais pura essência.

E eu me sentia completamente LIVRE.

As Dark Walkers

Ainda jogávamos conversa fora quando Andrea avistou suas duas amigas se aproximando.

Como estávamos num ângulo que elas não nos viam, elas pararam numa mesa de cimento a uns 100 metros da fonte.

Desde o encontro em Labruja eu fiquei curioso com a história delas terem caminhado madrugada adentro.

Aquela era a minha oportunidade de entender melhor essa experiência.

Percebi que Andrea ficou meio apreensiva com a chegada delas. Ela ensaiou uma despedida, dizendo que precisava ir até lá.

Eu disse: "Tudo bem, vou lá com você".

Ela tentou evitar: "Não precisa, pode seguir seu caminho".

Insisti: "Eu vou com você, não tem problema. Elas mordem?".

Ela consentiu, quase me advertindo: "Você que sabe, vamos".

Apesar do aviso, cheguei tentando ser simpático. Sorridente, exclamei "Finalmente vou conhecer as Dark Walkers".

E Andrea me apresentou as "amigas".

A receptividade foi um banho de água fria.

Elas mal me olharam no rosto e tinham dificuldade em retribuir meu sorriso.

Sentei meio sem jeito.

Andrea explicou que elas procuravam uma hospedagem para a noite, consultando seus smartphone e seus guias de bolso.

Uma delas não falava nada de inglês, a outra até falava mas não gostava de se arriscar.

Fiquei ali por longos 3 minutos, mas não me sentia bem-vindo.

Me levantei dizendo... "olha só... vejo que vocês estão aí concentradas na hospedagem, vou dar uma voltinha ali por cima, ok?".

Acima da praça tem a belíssima Fortaleza de Valença do Minho, dei uma andadinha, tirei algumas fotos, dando tempo para elas se acertarem por lá.

Quando voltei, as mesmas caras amarradas. Andrea me olhava sem graça.

Pensei: "Ela não merece essas duas malas sem alça. E nem eu!".

Me lembrei da véspera, quando Andrea se retirou de supetão, e me deixou lá com os australianos Simon & Garfunkel na frente da Cruz de Labruja.

Não foi por vingança, eu juro, mas confesso que senti um certo prazer em fazer exatamente a mesma coisa.

"Andrea, acho que chegou a minha hora de seguir no meu próprio TEMPO, eu *sei* que você entende".

Seu olhar mostrou que ela compreendeu de imediato.

Depois de um abraço sincero, agradeci pela maravilhosa companhia e refeição, e desejando revê-la mais uma vez, me despedi de Andrea e das chatéééééérrimas amigas (que eu jamais quero ver de novo!).

Com Andrea, na melhor refeição do Caminho, uma volta pela praça e a Fortaleza de Valença do Minho

Segui caminhando sozinho na expectativa de chegar à ponte que divide Portugal e Espanha, o que não demorou a ocorrer.

E, mais uma vez, não estive sozinho.

Espanha!

Justamente na hora da travessia topei com o sueco Olf, de 75 anos. Foi legal que pudemos registrar a travessia um do outro, e depois uma foto juntos.

Conversando amenidades, caminhamos juntos até o albergue de peregrinos de Tui, que fica no alto do centro medieval, pouco depois da Catedral.

O ritual de chegada aos albergues, você já conhece, vamos pular essa parte.

Atravessando a ponte com o sueco Olf, a chegada à Espanha, no medieval albergue de Tui

Depois do banho (nu e constrangido, e com Olf ao meu lado completamente à vontade), fui dar uma voltinha nos arredores para comer alguma coisa.

E... adivinha quem estava comigo?

Se você disse "o inglês John!" acertou!

Sempre ele.

Depois de circularmos um pouco, até vimos alguns restaurantes que pareciam interessantes, mas não bateu aquela onda.

Como bons cervejeiros, paramos numa esquina bem movimentada e barulhenta, cheia de mesinhas na rua.

Um lugar perfeito para um *Happy Hour*.

Logo eu percebi uma das razões que me faria AMAR a Espanha.

Cada vez que a gente pede uma cerveja, recebe um TAPA de graça!

Rsrs... não... eu não gosto de apanhar.

Tapa é como eles chamam os petiscos. Então vinha azeitona, torradinha com patê ou presunto (*jámon*), e por aí vai.

Depois de um tempo, Stephan e Miriam apareceram se juntaram a nós.

Pude conhecer Stephan um pouco melhor, o cara é juiz de direito, cheio de pós-graduação, inteligentíssimo. Difícil foi imaginar ele de toga, todo sério, com aquela cara de doido.

Descobri também que os meus 3 novos amigos pretendiam andar menos do que eu no dia seguinte (eles tinham pelo menos 1 dia a mais do que eu para chegar a Santiago).

Eu até poderia fazer o mesmo, mas queimaria o meu dia livre, então para mim aquele nosso "happy-hour estendido" estava meio com um ar de despedida.

Na verdade, silenciosamente eu sabia que estava me apegando demais a eles.

E sentia que na parte espanhola do caminho eu devia me conectar com novas pessoas, ouvir e viver novas histórias.

As horas passaram depressa...

Conversa vai, conversa vem, várias cervejas, petiscos e muitas risadas. Resultado... ficamos sem um jantar "de verdade".

Tivemos que correr para o albergue, porque a atendente Tereza tinha sido muito categórica: "Se chegar depois das 22h vai dormir na rua!".

Antes de me recolher, resolvi deixar a mochila pronta, pois no dia seguinte eu planejava sair às 6 da manhã para caminhar quase 32 km até Redondela.

Na área externa ao quarto, eu e mais 2 ou 3 pessoas faziam o mesmo, cada um com sua lanterninha de cabeça ou usando a luz do celular.

Você lembra do carinha de camisa amarela com cara de maluquinho que junto comigo foi um dos últimos a sair de Ponte de Lima, no início do meu 4º dia de caminhada?

Pois bem... era exatamente ele que estava ao meu lado no banco, também se preparando para a manhã seguinte.

Nos apresentamos e trocamos algumas frases sussurrando baixinho, para não acordar os peregrinos que já dormiam.

O italiano Giovani parecia ser uma ótima pessoa, torci para topar com ele novamente em outra oportunidade.

Mais uma vez no segundo andar do meu beliche, fui dormir com a sensação que a parte espanhola do Caminho ainda iria me surpreender.

E a minha palavra para o 5º dia não tinha como ser mais perfeita:

LIBERDADE

DIA 6: GIOVANI

Tui - Redondela. 31,6 km.

Pulei do beliche antes das 5 da manhã, quando a grande maioria ainda dormia.

Sentei no mesmo banco da noite anterior para calçar as botas e dar aquela arrumada final na mochila.

Notei um carinha andando pra lá e pra cá de cueca, malhadinho, gordura zero no corpo. Ele logo se vestiu e saiu antes de mim.

Pensei: "cara idiota, exibido... precisa disso?!".

Era pura inveja.

Aos 44 anos, e sem muita afinidade com academia, o abdômen de gominhos da adolescência estava beeem loooonge, no passado.

Saí para caminhar ainda no escuro, e pela primeira vez usei a lanterninha na cabeça que peguei emprestada.

Para variar, não me preparei para o café da manhã, então tive que me virar com sanduíche e suco de uma máquina que encontrei na rua. Até que tava bom.

Andar no escuro foi uma experiência diferente. Experimentei desligar a lanterninha e andar no breu quase absoluto.

Senti um pouco de medo, não sei muito bem de que.

O pior foi avistar um cavalo branco no meio do nada, perto de uma ponte.

Esse cavalo branco é real?

Eu até me aproximei para ver se ele era mesmo real.

Mas não consegui ficar muito tempo ali... coisa meio assustadora... "vai que aparece um homem sem cabeça..." rsrsrs

Dei no pé rapidinho :P

Minha virilha até que não incomodava tanto...

Era a minha melhor performance desde o terceiro dia.

E eu me sentia extremamente feliz.

Mais tarde, já com o sol mais forte, me deu uma vontade danada de ouvir Queda Livre, da banda baiana Cascadura.

Lá vamos nós outra vez em queda livre

Não há como parar nem onde segurar
Só nos resta ir
Mas é boa a sensação de estar caindo

É tentar relaxar e se deixar levar sem se debater
Assim eu vou descer em queda livre

É bom manter a atenção
Ao curtir a paisagem
Às vezes ver o céu, às vezes ver o mar,
Passa um avião
Só há um modo de aprender e é caindo

Vou ter o que contar, aonde quer que eu vá,
Todos vão saber
Que eu só sei viver
Em queda livre

Eu posso gritar
Ninguém vai me ouvir, não vou incomodar
Nem quero saber
Onde eu vou cair pois, pra mim tanto faz
E vou seguindo

Sempre a primeira vez é mais difícil
Tentar sentir-se em paz, pensar em nada mais
Vendo-se cair
Mas, ao invés de temer eu paro e penso:
Outro jeito não há, já que eu tenho que estar
Solto a descer, o jeito é curtir a queda livre

Eu posso gritar
Ninguém vai me ouvir, não vou incomodar
Nem quero saber
Onde eu vou cair, pois pra mim tanto faz
E vou seguindo

Só te peço um favor se você está me ouvindo
Se você se lembrar e não se incomodar,
Meu querido irmão,
Cante essa canção, se o meu fim for o chão

Essa música marcou uma das fases da minha terapia com Camila, quando entendi que precisava curtir mais o processo, “a queda”, do que esperar a chegada, “o colchão de ar”.

E quando Fábio Cascadura em meu ouvido dizia “eu posso gritar, ninguém vai me ouvir”...

... eu gritava com toda a força dos meus pulmões.

Que alegria indescritível!

Cantando, dançando, sorrindo e chorando sozinho, foi nesse momento que tirei a foto da capa desse livro:

"Eu posso gritar, ninguém vai me ouvir"

Logo depois, passaram por mim os alemães Stephan e Miriam.

Coloquei de novo Queda Livre no celular e fui cantando, gritando, dançando e traduzindo para eles...

... que sorriam meio sem graça talvez pensando "o que será que esse brasileiro tomou no café da manhã?".

Acabada a música eles adiantaram o passo, acho que eu tava muito doido para o padrão deles hehehehe.

Algum tempo depois, eu já um pouco mais calmo, avistei logo à minha frente o italiano Giovani, andando junto com quem... advinhe?

O malhadinho de cueca!

Eles pararam para comer alguma coisa, e por isso os alcancei, mesmo andando devagar.

Misturando italiano, espanhol, inglês, português e portunhol, tivemos um bate-papo eclético e muito animado.

Giovani contou sua história...

Agricultor, proprietário de uma pequena terra no norte da Itália, onde mora com a mãe.

Giovani é uma verdadeira lenda.

Por diferentes rotas, contou que já fez o caminho 16 vezes. De vez em quando ele é chamado para ministrar palestras, e também colabora com um blog italiano onde já documentou a rota do norte.

O malhadinho de cueca se chamava Roberto, 22 anos, mecânico da BMW.

Ele adora andar de bicicleta, mas em uma das suas trilhas me contou de um acidente que o deixou encostado no trabalho, e com vários pinos em suas mãos.

Sem poder trabalhar e andar de bike, entrou em depressão profunda.

Depois daquele Caminho de Santiago ele iria retomar o trabalho e sua vida normal.

Em pouco tempo eu carinhosamente já o chamava de Robertito.

Não é que o malhadinho de cueca era super gente-fina e tinha uma história incrível!?

Quantas vezes a gente perde a oportunidade de conhecer pessoas interessantes simplesmente porque cria rótulos antes de conhecê-las?

Essa foi uma puta lição.

O sol ia esquentando e o caminho ficando mais movimentado.

Troquei ideia com duas polonesas de vinte e poucos anos que não estavam para muito papo.

Nessa idade, muitas vezes a gente tem pressa de chegar, sem sabermos bem aonde estamos indo...

... e deixamos de aproveitar os bons momentos do caminho.

Isso acontece quando somos mais velhos também, mas a maturidade ensina.

Deixei-as seguirem adiante, mas ainda com as duas à vista, passou por mim mais um grupo de branquelos.

A última do grupo era Maria, uma gordinha de bochechas rosadas que estava em um grupo de... POLONESES!

Gritei para as duas que estavam mais à frente e juntei todos os poloneses, que ainda não tinham se encontrado.

E nisso fomos caminhando, italiano... espanhol... brasileiro... poloneses... conversei com vários deles...

E de vez em quando eu parava do nada, suspendia os braços e

gritava!

1.... 2.... 3.... BAILA SALSA E MERENGUE MARIA!

Todo mundo me acompanhava...

E Maria quase morria de vergonha, com as bochechas vermelhas.

É... nesse dia eu estava mesmo muito doido.

No meio do caminho voltei a encontrar com Stephan "Woody Harlerson" na cidade de Moz, que era onde ele, Miriam e o inglês John me disseram que pretendiam parar.

Tirei uma foto e segui viagem, pensando se ainda iria reencontrá-los.

Com Stephan *"Whoody Harlesson"*, em Moz

Ainda era cedo, só havíamos andado uns 16km. Era nada.

Encontramos uns espantalhos bem produzidos no caminho, olha a foto que eu tirei com Giovani e Robertinho!

Com Giovani, Robertito e os espantalhos

Assim o dia seguiu, muitas conversas (boa parte sobre a cultura e a língua dos nossos países), muitas risadas...

... e eu nem percebi o quanto meus dois novos companheiros de gordura zero no corpo apertavam o passo.

Faltando uns 5 km para o destino final eu pedi arrego e nos separamos.

Arrumei um café para comer algo e tirar as botas para dar um descanso para os pés.

A virilha estava sob controle, mas eu começava a sentir uma incômoda dor na canela esquerda.

"Deve ser cansaço, nada demais" era o que eu queria acreditar.

No ótimo albergue Casa da Torre, em Redondela, encontrei todo mundo de novo!

Giovani, Robertito, Stephan, Miriam, John.

Todos já tinham almoçado, menos Robertito.

Achamos um restaurantezinho ao lado e comemos uma boa carne de porco com salada e vinho branco.

Giovani se juntou a nós e, dando uma volta pela cidade, paramos para tomar um chopp.

Pra variar, encontrei mais uma vez um casal do Grupo do Chapéu Molhado.

O casal canadense Gerry e Marie, do Wet Hat Group

Já à noite, e sem combinar, nos resunimos todos em um restaurante que fica bem próximo ao albergue.

Na mesma mesa eu, Giovani, Robertito, John, Stephan, Miriam... e nas mesas ao lado.... mais casais do Wet Hat Group.

A noite foi deliciosa, muitas histórias e risadas.

Ruta Giovani

Giovani compartilhou seu sonho de fazer o Caminho de Santiago em seu tratorzinho.

Seriam quase 2 mil quilômetros.

Viajamos na ideia de criarmos a "Ruta Giovani", um novo caminho saindo da casa dele na Itália.

Robertito iria de moto, seria o mecânico. Eu poderia ser o cinegrafista. E faríamos um documentário.

Ah… como é bom pensar livre!

Giovani mostrou fotos e contou um pouco mais sobre a sua vida sem luxos, já que não possui empregados em sua propriedade.

Apenas ele, sua mãe, seu trator, os tomates e vegetais que ele cultiva já com compradores certos.

Na entressafra, uns 3 meses por ano, ele sai caminhando pelas rotas que levam a Santiago de Compostela.

Giovani, eu disse a ele durante o jantar, você é um dos caras mais sábios que eu já conheci na vida!

Enquanto a gente vive numa loucura querendo mais e mais, pessoas como ele sabem valorizar o mínimo e mais importante que é viver.

Tudo ia muito bem, até que a garçonete Joana interrompeu nossa "viagem" para anotar os pedidos de jantar.

Eu tinha almoçado tarde e não estava com fome, disse que escolheria algo depois. E pedi a senha do wifi para mandar mensagem para a família.

Ela ficou brava!

"Isso não é hora de wifi, você tem que escolher agora alguma coisa para comer!"

Como assim?!? É você que me diz quando devo comer? Eu pensei…

E ela foi falando rápido e ficando vermelha. Giovani e Robertinho me explicaram que era por causa da cozinha, eles tinham que se programar.

Joana me ofereceu um "bocadillo", que eu tentava entender o que era...

... mas do jeito que ela estava brava eu disse "tá bom... quero um desse aí, mesmo sem saber o que é".

Quando ela deu as coisas, eles me explicaram que era apenas um sanduíche. Ufa.

Depois que a poeira assentou, baixei o tom de voz, pedi desculpas pela minha lerdeza e abri um sincero sorriso.

Expliquei que era a minha primeira vez na Espanha, e eu ainda estava me acostumando com a cultura.

Joana não resistiu rsrsrs...

Retribuiu o meu sorriso e ficou tudo bem.

Ela só estava estressada porque o movimento estava grande e não tinham muitos funcionários para dar conta de tudo.

(Diferente do Brasil, onde um café de 4 metros quadrados em um shopping tem 4 funcionários. Ô desperdício)

Enfim... nada nem ninguém iria prejudicar o meu alto astral nesse dia especial.

Comi só metade do meu *bocadillo* e guardei o restante para o café da manhã do dia seguinte.

Antes de dormir, eu lembro que fiquei revivendo em minha cabeça os tantos momentos que já havia vivido.

Abrir espaço para novas histórias tinha elevado a experiência a outro nível. Se existe luz querendo entrar, é preciso abrir as portas ou janelas... nem que seja uma pequena fresta.

Fechei os olhos, e acho que dormi ainda com um sorriso no rosto.

A palavra que resume o meu 6º dia:

EUFORIA

DIA 7: CARLOS

Redondela - Pontevedra. 19,6 km,

Neste sétimo dia eu me permiti sair mais tarde, afinal pelas minhas escassas anotações seria um trecho inferior a 20 km, com pouca dificuldade e poucas subidas.

Decidi pendurar as botas e iniciar a caminhada de meias e papete, deixando os pés mais livres na esperança de "descansá-los".

Dolores, o nome espanhol óbvio que adotei para minha dor na virilha direita, estava mais tranquila, porém tínhamos uma nova companhia.

Gerry.

Este foi o nome escolhido para a dor na minha canela direita.

Gerry acordou bem enjoado e irritado, ele parecia ter chegado para ficar.

(Você reparou que eu escolhi o mesmo nome do simpático Canadense esposo de Marie, membro do The Wet Hat Group? Guarde essa informação).

Diferente das outras manhãs, aquele era um dia cinzento, uma neblina fina pairava no ar me deixando um pouco para baixo, meio *down*.

Com exceção de Stephan, que certamente logo passaria voando por mim, todos os meus novos amigos saíram para caminhar mais cedo.

Eu senti no ar um certo afastamento, talvez porque no dia anterior eu estivesse tão eufórico.

Não sei bem explicar...

Resolvi adotar essa atmosfera mais introspectiva e tomei uma decisão:

Hoje vou caminhar só.

Serei cortês ao desejar e responder: Buen Camino, mas não vou abrir conversas.

Vamos ver se alguém puxa conversa comigo.

Iniciando um dia de caminhada meio *down*.

Durante um bom tempo e vários quilômetros, foi exatamente isso que aconteceu.

Pouquíssimas interações, muita reflexão.

Foi neste dia que tive a ideia de escolher uma única palavra para resumir cada capítulo do livro que já tomava forma em minha cabeça.

Será que vai acontecer alguma coisa extraordinária hoje?

Veremos...

Em certo local, no meio de uma subida leve, parei para um lanche rápido e comprei duas bananas, após trocar algumas frases fúteis com a vendedora.

Ao me dirigir a uma mesa, alguém dispara a pergunta:

Brasileiro?

O português (com cara de chileno!) Carlos sentou ao meu lado e começou a puxar conversa.

"Zorra... eu queria ficar quieto hoje e lá vem esse português atrapalhar meus planos....".

Em algum momento isso passou pela minha cabeça.

Acabamos nosso lanche no mesmo momento, então foi natural reiniciarmos a caminhada juntos.

E o papo foi fluindo...

Ele já tinha feito muita coisa na vida, inclusive marinheiro. Seu último trabalho foi como mergulhador na cidade de Aveiro e ele estava numa, digamos assim, "entre-safra".

Há cerca de 1 ano atrás ele contou ter encontrado uma brasileira em um ônibus, que estava indo fazer o Caminho Português de Santiago.

Ele, que nunca andava nem 20 metros, deixou essa informação em seu subconsciente até que em um "repente" decidiu do nada ir para o Porto e fazer o Caminho Português pela Costa, passando por várias praias até chegar em Valença/Tui.

Sem praticamente NENHUMA preparação, colocou uma mochilinha minúscula nas costas, um par de tênis comum, e simplesmente "foi".

Hum.... o meu dia "solitário" começava a ficar bem interessante.

Ele mancava da perna direita, pois tinha bolhas na sola do pé.

Já eu, puxava da perna direita por causa de Dolores, e mancava da perna esquerda tentando não irritar Gerry.

Formávamos uma dupla engraçada, "o manco e o capenga".

Comentei com ele da minha "catarse" no terceiro dia, quando "a música me salvou da dor".

- Quando eu sinto muita dor, escuto música.

Eu disse.

Carlos devolveu:

- Quanto eu sinto dor, eu REZO.

Foi com essas exatas palavras que ele me contou o real motivo da sua peregrinação...

Uma Bíblia E Uma Arma

Pai de 2 filhos, Carlos teve uma crise no casamento e uma separação muito difícil.

Sem entrar em muitos detalhes, ele revelou ter entrado em uma vida desregrada de muitos excessos e uma depressão profunda.

"Eu cheguei muito perto de fazer uma grande besteira".

E continuou...

(Vou escrever na primeira pessoa, como se fosse ele..)

Todas as noites eu me sentia no fundo do poço...

Não conseguia encontrar uma saída que não terminasse em tragédia.

Eu nunca fui uma pessoa religiosa, mas no meu quarto havia uma bíblia que eu ganhei de uma tia.

E nunca tinha aberto.

Certa noite eu fui dormir com dois objetos na mesinha de cabeceira.

Uma bíblia e uma arma.

(Nessa hora eu parei até de respirar, imaginando a cena. Talvez isso tenha acabado de acontecer com você).

Perguntei:

- Você pensou em tirar a própria vida?

A resposta:

- *A arma não era pra mim.*

Calei.

Carlos resolveu abrir a Bíblia, em uma página aleatória.

Não me lembro exatamente qual foi a passagem que ele citou...

... mas naquele momento seu coração foi tocado por Jesus.

Ele se converteu em uma pessoa extremamente religiosa e iniciou um processo de transformação radical em sua vida.

Ele estava no Caminho de Santiago de Compostela por motivo religioso.

Sua meta era chegar na Catedral de Santiago, abraçar o apóstolo (eu não entendia bem o que ele queria dizer com isso, mas não perguntei), e se confessar com um padre.

Depois de me contar essa história, Carlos começou a rezar em voz alta um Pai Nosso e uma Ave Maria.

Eu acompanhei.

Foi um momento muito bonito, indescritível.

Continuamos caminhando e conversando praticamente por todo o tempo.

Carlos tinha um senso de humor puro, quase ingênuo. Eu realmente estava gostando daquele cara!

Passamos por duas senhorinhas que estavam sentadas perto de uma igrejinha, uma delas tinha machucado um dos pés, havia um pequeno sangramento.

Carlos abriu a sua "mochila mágica" e sacou materiais de primeiros socorros e ajudou a senhorinha a fazer um curativo, o que a deixou visivelmente feliz e agradecida.

E bem na frente dessa igrejinha encontramos a minha primeira brasileira do Caminho.

Miriam estava ali em homenagem ao seu falecido marido.

Eu, Carlos e Miriam, primeira brasileira que encontrei no Caminho

Brasil e Portugal unidos em terras espanholas!

Fomos caminhando os 3 juntos, Carlos e Miram encontraram assuntos em comum, enquanto todas as minhas dores se intensificavam e eu não via a hora de chegar.

Fui adiantando o passo e, sem perceber e nem me despedir, eu saí do alcance dos meus dois novos amigos.

The Monster

Em algum ponto do meu dia eu tinha reparado um senhor com cara de doido que carregava uma mochila GIGANTE.

Secretamente passei a chamar aquela mochila de *The Monster*, o monstro, lembrando de um filme cuja protagonista carregava algo parecido por uma difícil trilha nos Estados Unidos.

Nos meus quilômetros finais de caminhada, já chegando em Pontevedra, encontrei com ele novamente ao atravessar uma sinaleira.

Como eu já havia desativado o modo "não vou falar com ninguém", puxei uma conversa para descobrir a razão daquela mochila gigante.

O alemão Peter era uma FIGURAÇA.

Trabalhava como designer em uma empresa da Alemanha e tinha ido caminhar sozinho preparado para dormir ao ar livre, acampando onde fosse possível.

Chegamos juntos e famintos, paramos na primeira praça para comer alguma coisa e descansar um pouco, antes de encontrar onde dormir.

Eu estava EXAUSTO e Gerry pulsava de dor.

Pedi um saco de gelo e estendi a perna... que alívio.

Peter, como um bom alemão, pediu uma cerveja que parecia deliciosa. Eu estava morrendo de vontade, mas preferi ficar na Coca-cola e colocar açúcar no sangue para repor as energias.

Papo gostoso, boas risadas, Peter mostrou ser um cara muito culto e antenado, falava sobre qualquer assunto.

Ele conhecia a política brasileira e estava preocupado com a possível eleição do "Hitlerzinho" que se colocava como candidato a presidente.

O assunto principal entre nós, no entanto, foi um paradoxo que todos nós em algum momento enfrentamos.

Seja sobre ter emprego ou empreender, sobre preservar a individualidade nos relacionamentos (ele falou bastante sobre sua namorada) ou sobre os perrengues de carregar uma mochila gigante e dormir ao ar livre no Caminho...

... o dilema SEGURANÇA x LIBERDADE volta e meia se coloca à nossa frente.

Na hora da conta eu paguei sua cerveja (ele não almoçou, apenas eu), para mim uma gentileza bem normal.

Ele simplesmente não sossegou enquanto não retribuiu me pagando outro refrigerante.

Quase pareceu ofendido, mas entendi que era alguma coisa na sua cultura ou em suas crenças, então relaxei e bebi outro refrigerante sem a menor vontade, só para agradá-lo.

O alemão Peter e sua mochila *The Monster*, que devia facilmente pesar uns 20kg.

Barriga cheia, abraços, fotos e despedidas, fui me conectar ao wifi para realizar a "tarefa" mais importante do dia.

Bruninho, meu filho do meio, estava completando 10 anos de idade naquele 29 de setembro de 2018.

Liguei a câmera do whatsapp e começamos a conversar em família.

Quando ele apareceu na tela, minha voz simplesmente travou.

Há pouco mais de 1 ano eu me lembrei do grande susto que tivemos, quando ele precisou ser operado de emergência, por causa de uma apendicite.

Apesar de ter ocorrido tudo bem, eu tive muito medo de perdê-lo. Até hoje o meu adesivo de acompanhante está fixado na parede do meu banheiro, diariamente me mostrando a importância de viver o presente, aqui e agora.

Uma lembrança diária da importância do HOJE.

Todo esse sentimento veio à tona e eu desatei a chorar.

Ainda bem que a conexão ficou ruim no mesmo momento, pois eu literalmente TRAVEI.

Consegui me recuperar e, na segunda tentativa conversei um pouco com ele, Larissa, Andrei e Iane.

Naqueles minutos preciosos eu me sentia inteiramente CONECTADO e era só AMOR da cabeça aos pés.

Já estávamos no final da tarde e eu não tinha a menor ideia de onde iria dormir aquela noite.

Eis que meu irmão Inglês Lindon John MAIS UMA VEZ aparece do nada!

Sempre ele.

Ele deu a ideia de procurar um apartamento pelo AirBnb. Genial!

Usando o wifi da lanchonete reservei um quarto a menos de 500m do local. John foi comigo até encontrar o apartamento e ser recebido pelo gentil anfitrião Miguel.

Um. Quarto. Inteiro. Só. Pra. Mim!

Coloquei as pernas pra cima (com mais gelo na canela), assisti qualquer coisa na NetFlix, tive uma Noite de Rei em meu próprio "Hotel 5 Estrelas".

O meu "dia solitário" não tinha sido nada daquilo que eu esperava.

Ao acordar naquele dia cinzento, eu tinha quase certeza que a minha palavra do dia seria "solidão", e comecei a escrever este capítulo mental convicto que terminaria assim.

Mas, como você pôde notar, é impossível dizer que foi um dia solitário.

Muito pelo contrário.

A palavra que resume o meu dia, no seu conceito mais amplo e transcendental é...

CONEXÃO

DIA 8: BARTEK

Pontevedra - Calda dos Reis. 21,1 km.

bri os olhos às 9:30 da manhã, preocupado.

Logo girei o pé esquerdo para sentir se a dor na canela tinha diminuído.

Não tanto quanto eu gostaria :(

Consegui mais gelo na cozinha e fiquei enrolando na cama por mais 1 hora, com as pernas para o alto, apoiadas nas gavetas empilhadas do criado mudo, numa espécie de Torre de Pizza improvisada.

Quando pulei da cama para me arrumar, resolvi tentar elevar o astral colocando uma roupa diferente.

Elevando a perna e o astral, iniciando o oitavo dia do Caminho.

Peguei a minha calça verde da *The North Face*, que eu só usava à noite, e uma camisa comprida novinha e estilosa, também verde, que comprei em Madri.

Neste livro que já se formava em minha mente, eu tentava "forçar" a palavra do fim do capítulo, que você já deve imaginar qual é.

Fui arranjar algo pra comer, quando para minha surpresa encontrei na cozinha um colega de apartamento que eu não sabia que tinha.

Ele estava fazendo um chá preto, que logo após os cumprimentos iniciais fez a gentileza de me oferecer.

Aceitei sua oferta e ficamos batendo um papo enquanto tomávamos o chá com torradas e geléia.

Johannes, um italiano de olhos claros e uns 1.90m, era descendente de alemão e ensinava este idioma em uma universidade de Paris.

Ele já estava caminhando há uns 25 dias, pois tinha iniciado o Caminho Português em Lisboa.

Até tentei falar alguma coisa de Italiano, me confiando no áudio-curso do método *Pimsleur* que fiz em 2014, antes de ir a Itália de férias com Larissa, em nossa “blind vacation”.

(Nessas "férias às cegas", ela só soube para onde iríamos no aeroporto :)

Mas minha memória não conseguiu puxar as palavras certas, então conversamos em inglês, que ele falava perfeitamente.

Johannes que estava em busca de algo novo com relação a sua profissão, que ele ainda não sabia bem o que era.
Eu disse que entendia o que ele estava sentido.

Pouco antes das 11 da manhã, iniciamos juntos os supostamente tranquilos 21,1 km até Caldas dos Reis.

Mas logo nos primeiros passos, Gerry (o nome da minha canelite, lembra?) deixou claro que ele definitivamente não estava a fim de ir embora.

O Ítalo-alemão de 1,90 andava rápido, fazia anotações e tirava fotos para alimentar um livro que planejava escrever.

Eu sabia que não ia conseguir acompanhar o seu ritmo por muito tempo.

Avistei uma daquelas máquinas que vendem bebidas, e parei com a desculpa de que tinha esquecido de colocar água na minha garrafinha.

Ele queria acelerar o ritmo, então nos despedimos.

De fato eu comprei uma água mineral, mais interessado na temperatura da garrafa do que no seu conteúdo.

Tirei as botas e coloquei a garrafa em cima da canela, para tentar aliviar a dor que só aumentava.

Por vários minutos fiquei aí pensando...

“Será que eu vou conseguir terminar o trecho de hoje?”

"Será que vai ter mais algum acontecimento extraordinário para me salvar?”

Amarrei as botas na mochila Labruja e retomei a caminhada de papetes.

A cada passo, o fantasma da desistência me assombrava.

E eu começava seriamente a pensar em parar no primeiro povoado e procurar um médico.

Encontrei pouquíssima gente pelo caminho, afinal a maioria dos peregrinos iniciava muito mais cedo.

Não tinha ninguém com quem conversar... na verdade nem vontade de abrir a boca eu tinha.

Eu me sentia completamente só e tinha vontade de chorar.

Foi aí que eu lembrei de Carlos, o português do dia anterior.

Tive impressão de ouvir claramente sua voz novamente me dizendo “quando sinto dor, eu rezo”.

Vou tentar, não tenho nada a perder. Vai que funciona....

Então comecei a alternar, rezando baixinho em voz alta, um Pai Nosso e uma Ave Maria.

Acho que não se passou nem 1 minuto quando percebi à minha esquerda, ao pé de uma ladeira, um senhor magro na faixa dos seus 60 anos enchendo sua garrafinha de água em uma fonte.

Normalmente eu também pararia para trocar água velha por água nova, e aproveitaria para puxar papo.

Mas a água que comprei ainda estava geladinha, e eu não estava a fim de conversar.

Passei direto e continuei rezando.

Pouco mais acima, à direita, vi os pés de uma senhorinha.

Olhando mais para cima, notei que ela colhia uvas em seu mini e simpático jardim (ou seria um quintal?).

Até deu vontade de pelo menos desejar um *Buenos Dias*... mas também passei batido.

E continuei...

"Ave Maria, cheia de graça, o senhor é convosco, bendita sois vós entre as mulheres..."

Pouco depois.... ouço vozes...

Uma pessoa parecia estar chamando outra, à distância...

Nem me dei o trabalho de virar a cabeça para trás.

Todo mundo que eu conhecia deveria estar muuuuuito na minha frente, eu não conhecia ninguém por ali.

Não podia ser comigo.

E lá fui eu...

"Pai nosso, que estais no céu, santificado seja o vosso nome, venha nós ao vosso reino, seja feita a vossa vontade..."

Eis que de repente, duas mão juntas e estendidas em forma de concha aparecem do nada e raspam o meu ouvido esquerdo.

Viro a cabeça assustado.

Era aquele senhor que estava na fonte, no início da ladeira.

Em suas mãos, um lindíssimo cacho de uvas.

Ele me diz, em inglês:

"Aquela senhora te chamou várias vezes, você não ouviu. Ela me pediu para te entregar essas uvas, que ela acaba de colher. Ela disse que você está precisando, que vai ser bom para você".

Neste momento em que eu escrevo essas palavras, sinto exatamente o mesmo arrepio daquele momento especial.

Eu acho que não se passaram nem três minutos desde que decidi começar a rezar.

Carlos, meu amigo, não é que a sua reza funciona mesmo!!!

As uvas estavam deliciosas (até hoje me arrependo de não ter voltado para agradecer o presente daquela senhorinha).

Delicioso também foi o papo que eu e o holandês *Hank* tivemos misturando inglês e português, que ele falava bem porque já ter sido casado com uma brasileira.

Um cara de extrema cultura, trabalhou com genética de alimentos em uma grande multinacional, um dos seus filhos é engenheiro mecânico da Fórmula 1, alto nível.

Conversamos sobre política, religião, casamento, das profissões do futuro...

Perdi totalmente a noção do tempo, e praticamente esqueci de sentir dor.

Não que ela tenha sumido...

Ela estava lá e eu sabia disso...

Eu só não estava dando toda a atenção que ela me pedia.

Paramos para um lanche e Hank me ofereceu a metade de seu sanduíche.

Parecia delicioso e estava mesmo. Ainda bem que aceitei.

Reabastecidos, continuamos por longos quilômetros até que passamos por um casal de peregrinos.

Notei que o rapaz segurava uma pedra.

Eu sabia da tradição de colocar pedras ao pé das cruzes do caminho.

Sentindo-me mais leve e bem humorado, reduzi o passo e puxei conversa.

Perguntei o que aquela pedra simbolizava para ele.

O polonês Bartek estava no seu terceiro Caminho de Santiago.

No primeiro, ele contou ter carregado uma pedra com o pedido de que o pai fosse perdoado pelo padre da sua igreja local e pudesse voltar a frequentar a missa.

O seu "crime"?

Ter se divorciado da mãe de Bartek.

Em muitos lugares a cultura da igreja católica pode ser bem arcaica, né?

O perdão ao seu pai foi concedido, pouco tempo depois que Barket voltou do Caminho.

"A pedra funciona!"

Em seu segundo Caminho, a Pedra de Bartek tinha um pedido mais ousado...

Ele queria uma namorada.

Só que desta vez algo deu errado.

A namorada não veio e Bartek já planejava seu terceiro caminho para repetir o pedido.

Eis que, comentando do seu plano com uma prima...

... ela disse que sua melhor amiga tinha muita vontade de fazer esse Caminho.

E colocou os dois em contato, para Bartek passar algumas dicas.

Conversa vai, conversa vem, resolveram fazer o Caminho no mesmo período.

Advinha o que aconteceu?

Ele e Anna estavam ali como namorados ;-)

“A pedra funciona!”

Anna entendia nossa conversa, mas tinha vergonha de falar inglês e seu rosto vermelho mostrava que ela estava bem envergonhada com aquela história, rsrsrs.

Falei... “Bartek, meu amigo... faz aí um pedido pra mim nessa sua pedra poderosa!”

Caímos na risada!

E assim continuamos agora em quatro, eu, Hank, Bartek e Anna.

Bartek era cozinheiro em um hotel em Linden, uma cidadezinha holandesa super simpática perto de Amsterdam, que eu inclusive conheci numa viagem com Larissa e um amigo nosso.

Fizemos nova parada para lanche e descanso, os quatro juntos.

Eles pediram um delicioso marisco típico daquela região da Espanha, uma espécie de mexilhões, que eu devia ter anotado o nome.

Como de costume, aproveitei para colocar gelo na canela e colocar a perna pra cima.

Após me perguntar como era a dor que eu estava sentindo, e ao ouvir meu relato Bartek se levanta e abre sua mochila.

Puxa de dentro um atadura novinha, que me entrega junto com uma pomada anti-inflamatória:

- Isso aqui vai diminuir sua dor.

Anna estava com um problema parecido com o meu e usava uma faixa dessas em um dos seus tornozelos.

Bartek explicou que, quando criança, volta e meia ele enfaixava sua mão ou braço, era um golpe para evitar fazer tarefas escolares.

- Bem, já que você é expert, que tal usar suas habilidades comigo?

Passei um pouco da pomada e ele gentilmente enfaixou meu tornozelo demonstrando incrível destreza.

Feito!

E magicamente, se a dor estava em grau 10, passou automaticamente para grau 3 e ficou perfeitamente suportável!

"Dr. Bartek", sua namorada Anna e a atadura mágica

Ao meu pedido, Hank registrou esse momento sublime e logo depois se despediu de nós e rapidamente sumiu.

Nunca mais o vi.

Só mais tarde me dei conta que não tinha nenhuma foto com ele, não sabia seu sobrenome... nada.

Foi como se a missão dele fosse me entregar aquelas uvas e me levar até Bartek.

Mais um anjo.

E sua mensagem divina era clara:

“Serge, você NUNCA está sozinho”.

Fui caminhando com o casal de namorados até Caldas dos Reis.

Bartek, cozinheiro profissional, parou várias vezes para mostrar plantas e flores, também falava muito comida, o que me dava cada vez mais fome.

Chegamos ao destino bem cansados e Bartek usou o celular para encontrar um albergue.

Ele queria um lugar tranquilo para dormir, pois na noite anterior tinha pernoitado ao ar livre, em sua barraca.

Chegamos num albergue privado e pequeno.

Brinquei, falando sério: “olha pessoal, vou deixar vocês sozinhos, afinal são namorados há pouco tempo e podem querer aproveitar".

Pela cara dos dois, vi que Bartek ficou animado, mas Anna parecia um tomate de tão envergonhada.

Tive a impressão que esta "etapa" do namoro ainda não tinha se consumado.

Êta baiano indiscreto.

Anotei o e-mail de Bartek, agradeci mais uma vez o atendimento médico e a companhia do casal e fui tentar encontrar meus amigos.

Perambulando meio aleatório, me bati por acaso com Miriam e Stephan (existia um ímã entre a gente?), que me deram a indicação do albergue privado onde estavam.

Peguei a cama de cima de um quarto com 2 beliches, e depois de um complicado e desajeitado banho na banheira, evitando molhar o pé enfaixado, saí para procurar comida.

E fui parar exatamente nos restaurantes onde, do lado de fora, estavam meus amigos canadenses do Grupo do Chapéu Molhado.

Na parte de dentro, John, Miriam e Stephan!

Eles já tinham jantado, mas ficaram por lá me fazendo companhia.

Enquanto eu contava, empolgado, as minhas impressionantes histórias dos últimos dias, devorei um maravilhoso e merecido bacalhau à moda da Galícia, acompanhado de um vinho branco.

Um jantar de Rei.

A essa altura, eu já estava bastante impressionado com o Poder Mágico do Caminho.

Na recepção do albergue, descobrimos que meu Big Brother John era meu companheiro de quarto e estava na cama de baixo!

Fala sério... que magnetismo é esse? Mesmo sem marcar nada, a gente sempre se encontrava.

É.... a minha palavra do dia.... que em alguns momentos eu quase perdi completamente.... tinha se realizado:

ESPERANÇA

DIA 9: GERRY & MARIE

Caldas dos Reis - Padrón. 18,6 km.

Por volta das 6:30 da manhã éramos só eu e John, pois nossos outros dois colegas de quarto já tinham saído.

Enquanto arrumávamos nossas coisas coloquei *Girl From Ipanema* no Spotify, em homenagem ao meu Big Brother inglês.

Cantamos juntos mais umas duas músicas e saímos para mais um dia típico de peregrino.

Pouco tempo depois, encontramos um uma lanchonete na saída da cidade, que estava entupida de gente.

Será que todo mundo resolveu parar aqui na mesma hora?

John conseguiu ser atendido primeiro e logo o ligeirinho já estava na pista. Melhor assim, eu nunca conseguia acompanhar o ritmo dele mesmo...

Ainda na fila, eis que avisto o português rezadeiro Carlos!

Pedido feito, conseguimos uma mesa e sentamos juntos para nosso café da manhã com suco de laranja e sanduíche.

- Come aí que eu tenho umas coisas para te contar!

No lado de fora, encontrei todos os meus amigos do Grupo do Chapéu Molhado. Depois da já costumeira, calorosa e barulhenta saudação, registrei uma foto do grupo e pé na estrada!

O Grupo do Chapéu Molhado

Empolgado, fui contando a Carlos em detalhes tudo o que aconteceu comigo desde a última vez que nos vimos.

A reza, a senhorinha das uvas, o "holandês mensageiro", o meu cozinheiro-médico polonês e sua envergonhada namorada...

Carlos ouvia tudo atentamente, mas não demonstrava nenhuma surpresa.

O "poder divino" que eu estava experimentando para ele já era *normal*.

Eu realmente gostava daquele cara.

Naquele dia caminhávamos muuuuito devagar.

Eu já tinha aposentado por completo as minhas botas ainda sem nome, que viajavam penduradas em Labruja, a mochila.

Eu caminhava de papete com o tornozelo ainda enfaixado, do jeitinho que Bartek tinha feito. Tive medo de mexer e estragar.

E já tinha me conformado em ter Dolores e Gerry sempre comigo. Minhas já amigas dores na virilha e canela iriam comigo até o final.

Este era um dia de 18.6 km, o mais curto de todos os trechos planejados.

Mas não estava sendo nada fácil.

As bolhas na sola do seu pé tinham piorado tanto que ele até comprou dois bastões de caminhada.

Carlos insistiu tanto para me emprestar um deles, que eu terminei aceitando, mesmo sem achar que precisava.

E, nessa velocidade tartaruga, lá nós fomos notando e conversando sobre como os peregrinos pareciam agitados, apressados, pouco cordiais.

Se outrora era fácil puxar papo e desenrolar uma conversa, naquele dia estranho ninguém estava a fim de conversar, muito menos com os dois *capengas* do Caminho.

Lembro que um velhinho que devia ter uns 85 anos passou "picado" por mim e Carlos.

Perguntei, "Carlos, quantos anos você tem?".

41.

Eu tenho 44, esse velhinho deve ter a nossa idade somada.

- Você vai deixar nos ultrapassar correndo desse jeito? Que humilhação!"

E fiz a proposta:

- Vamos acelerar o passo, e quando passar por ele você coloca o bastão nas pernas e eu empurro. Vamos derrubar esse velhinho safado!

E caímos na gargalhada!!!

Eu e Carlos, os capengas do caminho.

E foi assim o trecho inteiro... as nossas conversas despretensiosas... e o toc toc do barulho da ponta de metal dos bastões de que estavam sem as borrachinhas na ponta.

Nos últimos quilômetros, já na entrada de Padrón, Carlos estava tão faminto que entrou para almoçar no primeiro restaurante que viu.

Eu preferi seguir adiante, pois queria primeiro tomar um bom banho. Eu estava sujo e as dores incomodavam muito, apesar de suportáveis.

(Eu tinha sérias dúvidas se conseguiria andar os 24 km do último dia, já aceitava a possibilidade de dividir a última etapa em 2 dias de trechos mais curtos)

Continuei seguindo as setas amarelas e cerca de 1 km depois chego a um agradável largo.

De um lado, uma simpática Igreja de Pedra. Do outro, um bar com mesas e cadeiras brancas. E um único cliente, que sentado serenamente e mexendo no celular me recebia com um sorriso.

A Igreja de Pedra e meu irmão inglês

- John, meu LINDON!!!

Disse eu em português mesmo, feliz em vê-lo novamente e não resistindo ao trocadilho infame com seu primeiro nome, *Lyndon* John.

Aquele bar era também um Albergue de 14 euros bem legalzinho. Pedi para John me esperar tomar um banho rápido, para irmos almoçar juntos.

Assim que subi as escadas, duas senhoras arregalaram os olhos ao ver minha atadura na canela esquerda (e provavelmente minha cara péssima).

Contei rapidamente sobre a minha canelite. Elas pareciam sensibilizadas, e me olhavam com pena.

Banho tomado, contamos com a ajuda do Constantino, o coroa simpático que cuidava do bar, para nos indicar onde encontrar boa comida.

Ele caminhou junto com a gente por uns 200 metros, enquanto

contava sobre sua vida na cidade, até apontar para um local com toldo preto, dizendo:

- Podem ir ali que vocês vão ser felizes.

Deus te ouça, Constantino!

No cardápio, vi que eles tinham uma tal de "fabada". Eu não sabia o que era, mas lembrei que Bartek - o cozinheiro - tinha dito que era muito bom.

E era mesmo! Uma espécie de feijoada, mais até para uma dobradinha, por causa dos feijões brancos.

Carne de porco, vinho, doce de leite, café italiano, comemos de tudo, veradeiros Reis da Espanha!

Agora... descansar! (será?...)

Eu juro que tentei entrar no albergue pelo bar, mas alguma atração oculta me puxava para a igreja defronte que mais parecia um ímã gigante.

Era uma força maior e mais forte do que eu.

Dei meia volta e lá fui eu, sozinho.

Dentro da igreja, um atendente distribuía uns panfletos e carimbava o passaporte peregrino.

Ele explicou que ali no altar estava a pedra onde supostamente havia sido amarrada a embarcação que trouxe os restos mortais do apóstolo Tiago de volta à Espanha.

O altar, a pedra de Tiago - o Santo dos Peregrinos do Caminho

Antigamente o mar entrava até aquele ponto hoje aterrado da cidade que na época era chamada de Iria Flavia.

Daí vem o nome de *pedron*, ou pedrão em portugues. É por isso que hoje a cidade se chama Padrón.

Pensei... "só essa explicação e já valeu a minha entrada, mas já que estou aqui vou ficar aqui alguns minutinhos..."

Engraçado que passei por muitas igrejas ao longo do caminho, mas nenhuma delas me atraiu. Eu não sentia a necessidade de estar em um local físico para falar com Deus.

Mas ali estava sendo *diferente*.

Sentei em um dos bancos laterais ao altar e ali tive não exatamente uma reza, mas uma conversa com o universo.

Fui refletindo sobre cada dia daquela caminhada, desde a decisão, compra de equipamentos, treinos, a expectativa do início, as cidades por onde passei, as pessoas que conheci, as histórias que contei e ouvi.

Pensei muito na minha família, minha mulher, meus filhos, meu pai, minha falecida mãe, meus irmãos....

(... e ao escrever isso acabei de perceber a quantidade de pronomes possessivos que usei. Ninguém é realmente de ninguém).

E aquela meia hora virou uma retrospectiva geral de toda minha vida até aquele exato momento.

Um sentimento de paz e de preenchimento muito forte se apossou de mim por inteiro, do meu corpo e da minha alma.

Além do atendente, eu era a ÚNICA "pessoa viva" naquela igreja, quando notei que um casal familiar acabava de entrar.

Eram Gerry e Marie.

Não sei se eles me viram, porque eu logo saí por uma porta lateral e fui dar uma caminhadinha pelos arredores.

Parece que eles tiveram a mesma ideia, pois nos batemos de novo poucos minutos depois.

Eles estavam bem mais informados do que eu e iam na direção de um convento que ficava no alto, no morro atrás da Igreja, mas que infelizmente estava fechado.

Estávamos nós 3 ali em cima diante de uma belíssima vista e uma atmosfera de paz extrema, quando Marie me perguntou:

- Serge, como está sendo o Caminho para você?

Contei um pouco da minha história, da provocação de Camila em fazer algo realmente sozinho pela primeira vez...

... e do meu interesse ávido e genuíno de interagir e ouvir a história das pessoas.

Aproveitei a deixa e perguntei "por falar nisso, qual a história de vocês?"

Eles se entreolharam com cumplicidade e abriram ao mesmo

tempo aquele sorriso maroto.

Gerry pai de 5 filhos, viúvo.

Marie, mãe de dois filhos. Viúva.

Ambos com 65 anos, se conheceram há 5 anos pela internet, através de um site de namoro.

Que história!

- Vocês encontrarem o amor aos 60 anos e já com filhos crescidos... vocês são a prova viva de que nunca é tarde para amar!

Eles sorriram e Marie acrescentou..

“Serge, deixa eu te contar uma coisa.

Eu e Gerry temos falado sobre você.

Ontem mesmo comentamos que você está fazendo o seu Caminho do jeito certo.

Sempre vemos você conversando, feliz, agregando pessoas de todas as idades e nacionalidades.

Olha só... Gerry até disse que gostaria de ter um filho como você.”

Com lágrimas já escorrendo, respondi:

“Gerry, seria uma honra ser seu filho brasileiro. Agora eu tenho um pai canadense!”.

E choramos os 3 juntos e abraçados em silêncio, naqueles minutos mágicos que acabara de fundar uma nova e inusitada família.

Já de volta ao albergue, eu me dirigia para o segundo andar do meu beliche, quando troquei olhares com uma das senhoras que me viu chegar mais cedo todo estrupiado.

Deitada e coberta até o pescoço, ela exclamou: “Uau.... você parece tão bem! O que aconteceu?”

- Comi como um rei, fui na igreja, tive um belíssimo encontro com um casal e me sinto ótimo! Quer saber... Vamos tomar uma cerveja?

Em um pinote de 1 segundo ela já estava completamente pronta!

E ficamos ali no bar do albergue de frente para a mágica igreja, tomando cerveja.

Eu de perna para cima, com um saco de gelo em meu tornozelo.

Linda, me mostrando incontáveis fotos de flores em seu tablet, enquanto contava sua saga de ter tido seu passaporte e dinheiro furtados há 2 semanas.

Ela teve que voltar a Lisboa para resolver a treta com o consulado canadense, mas apesar do imprevisto estava de volta ao Caminho com o mesmo entusiasmo do início.

Para muitos, a viagem teria acabado ali.

Aos poucos, mais peregrinos amigos foram se juntando... John, Mirian, Stephan, mais um casal do *Wet Hat Group*, depois de novo Gerrie e Marie.

De repente, me vi cercado de tantas pessoas diferentes, exatamente como Marie tinha descrito.

E como eu mesmo outrora já escrevera em poesia e música:

Multidimensional

Não, eu não vou modificar
A minha forma de vestir, nem de falar
Para qualquer tribo me aceitar

Falei que pra você me conhecer
Vai precisar ir um pouco mais além
Do breve primeiro olhar

Eu não vou me reduzir, me rotular

Não vou me simplificar

Surpreender
Me distorcer com meu pedal
Ser quem eu quiser
Multidimensional

E assim, tomando cervejas de diferentes tipos servidas por Constantino, junto com os apetitosos tapas espanhóis, fiquei até uma às 9 horas da noite.

Os mais velhos foram saindo (eles foram jantar "de verdade"), e só ficamos eu, John, Mirian e Stephan, "los 4 amigos".

Como eu não sabia se conseguiria chegar a Santiago no dia seguinte, achei que seria um bom momento para uma despedida formal.

Agradeci pelo companheirismo de todos eles nesses dias, trocamos abraços e palavras de carinho e incentivo.

Los 4 amigos, Serge, Stephan, Miriam e John

John, naquele jeitão dele característico, não me deu muita bola: "Que nada... amanhã à tarde vamos tomar uma cerveja lá ao lado da Catedral de Santiago".

Será?

Ainda tomei a saideira sozinho, e confesso que por pouco não sentei junto três espanhóis barulhentos que assistiam juntos um jogo de futebol na parte de dentro do bar.

Chega, né Serge? Você precisa descansar.

Ainda era antes das 10 da noite, eu teria muito tempo para me recuperar para meu ultimo (?) dia de caminhada.

Com tanta comida e cerveja, eu imaginei que ia dormir como uma pedra, se não fosse *pequeno probleminha*.

Cerca de uma hora da manhã acordei parecendo um balão de gás.

A fermentação do vinho, fabada, cerveja, tapas, toda a mistureba que fiz estava gerando uma guerra na minha barriga.

Minino... eu tava PODRE.

Fui ao banheiro pelo menos 3 vezes e fiquei rolando com cólicas até finalmente tombar lá pelas 5 da manhã.

Fudeu.

A minha noite de descanso tinha ido para o espaço.

- Agora é que não vou mesmo conseguir chegar a Santiago neste último dia!

Como você pôde ver, esse foi um dia especialmente agitado...

Fui obrigado a lidar com minhas limitações de movimento, e até aproveitá-las para olhar o mundo de outra forma.

Também aprendi a ouvir os sinais e não brigar contra minha intuição. Aceitar os bastões de apoio oferecidos quando mais precisamos de ajuda para caminhar.

Reconheci ao mesmo tempo a minha insignificância e a minha grandiosidade, por isso a palavra de hoje que escolhi foi...

HUMILDADE

DIA 10: MERCEDES

Padrón - Santiago de Compostela. 23,7 km.

Como você já sabe, tive uma péssima noite fritando entre cólicas, puns e idas ao banheiro.

Saí da cama por volta das 7:30 e fui arrumar minhas coisas no hall fora do quarto.

Enquanto enfaixava novamente meu tornozelo esquerdo, tentava decidir entre os figurinos Sandálias da Humildade ou Macho de Botas.

Uma peregrina gordinha que já ia descendo as escadas, percebeu minha dúvida e perguntou: O que é confortável para você caminhar com essa atadura?

E lá fui pelo terceiro dia consecutivo de papetes.

Logo nos primeiros passos eu notei que estranhamente minhas dores estavam brandas e eu me sentia muito bem.

Pensei na provocação feita por meu irmão mais velho inglês, e na minha imaginação eu afirmava: "John.... sabe aquela cerveja em Santiago hoje mais tarde? Está de pé!"

Andei algum tempo sozinho, em um ritmo até rápido para meu

padrão dos últimos dias.

E não demorou muito para eu avistar aquela mochilinha preta mágica sendo carregada por meu amigo português, que caminhava lento e com dificuldade.

E aí Carlos!!!

Reduzi a passada e fui contando a ele tudo o que aconteceu em Padrón depois que nos separamos.

Ele parecia estar muito mais ansioso do que eu para chegar a Santiago, e sua ideia fixa era conseguir fazer tudo isso, nesta ordem: cortar o cabelo, fazer a barba, assistir a missa do peregrino, abraçar o apóstolo e conseguir um padre para se confessar.

Era uma agenda beeeem ambiciosa, dada a nossa velocidade tartaruga.

(Essa parte de abraçar o apóstolo eu não entendia direito, mas fiquei com vergonha de perguntar. Depois te explico).

O engraçado é que por várias vezes ele tentava me convencer que eu também deveria me confessar.

Nada contra, admiro o catolicismo fervoroso dele.... mas eu já tinha vivido o meu momento divino na Igreja de Padrón (que aliás se chama Iglesia de Santiago, esqueci de te falar).

Neste dia, mais uma vez percebemos os peregrinos ainda mais agitados, de pouca conversa.

Umas duas horas depois, notamos uma moça sentada no chão em uma esquina qualquer no meio do nada.

Com feições indígenas, ela parecia preocupada procurando algo no celular.

Ao seu lado uma mochila daquelas normais, parecida com aquelas da escola, e que parecia beeeeeem pesada.

"Olá, está tudo bem, precisa de alguma ajuda?", perguntei em inglês.

Estava tudo bem, ela estava apenas descansando e aproveitou para olhar opções de hospedagem em Santiago.

Rapidamente abandonamos o inglês, pois logo veio a explicação para a sua cara de índia.

Mercedes era da Argentina!

Opa! Brasil, Portugal e Argentina! Pelé, Maradona... Cristiano Ronaldo! Vem caminhar com a gente!

E a história dela era muito interessante.

Ela estava se mudando da Argentina para Barcelona, onde passaria pelo menos 2 anos cursando um mestrado em Big Data.

Ela resolveu chegar umas semanas antes do início das aulas, para ajeitar as coisas.

Há 3 semanas estava na casa de uns amigos, em Porto, quando deu um estalo e ela simplesmente resolveu deixar suas malas com eles a fazer o Caminho Português até Santiago de Compostela.

Diferente de mim, que tive alguns meses de planejamento, compra de equipamentos e preparação física, ela e Carlos sentiram "o chamado" e simplesmente começaram o Caminho.

(Está explicado porque suas mochilas são comuns, veja na foto que Mercedes carrega o dobro de peso que Carlos).

Brasil, Argentina e Portugal juntos, a comparação das mochilas e
a primeira placa sinalizando menos de 10 km restantes.

Agora, vem a parte ainda mais curiosa...

Naquele dia, Mercedes estava chegando a Santiago de Compostela pela TERCEIRA VEZ.

- Como assim?!?!?! Explica isso, Mercedes!!!

Depois de fazer o Caminho normal, assim como eu estou fazendo, ela disse que sua primeira chegada em Santiago tinha sido meio frustrante.

Tá, e agora? O que eu faço?

Não satisfeita, ela resolveu caminhar mais 100km até Finistere (o "fim da terra"), o ponto mais ocidental da Espanha, considerado por muitos peregrinos o verdadeiro fim do Caminho de Santiago.

Segundo a tradição, ali se deve queimar as roupas, tomar banho no mar e voltar aos seus lugares de origem como "homens novos", depois da peregrinação.

Bem... ela não só chegou até lá mas resolveu fazer o percurso de volta! E assim ela chegou a Santiago pela segunda vez.

E... nada.

Não bateu onda, ela resolveu ficar por mais uns dias hospedada em uma cidade próxima (infelizmente não lembro o nome).

E agora estava voltando a Santiago Caminhando, pela terceira vez!

Incrível.

Eu e Carlos brincamos:

"Desta vez vai ter alguém na entrada da cidade esperando você com um placa dizendo: Mercedes, você está PROIBIDA de voltar a Santiago este ano. Adeus".

Caímos na gargalhada!

E fomos caminhando e contando nossas histórias (ela morava na cidade onde ficava a paróquia do hoje Papa Francisco!), nos interessando genuinamente pelas vidas uns dos outros.

Em dado momento ela entrou em uma lanchonete minúscula procurar um banheiro para fazer xixi.

Assim que ela deu as costas, Carlos achou logo uma árvore. Nessas horas tudo é mais fácil para nós, homens.

Segui os seus passos e fiz o mesmo, enquanto só ouvíamos o barulho da natureza e dos jatos batendo na terra, ele soltou: "Onde mija um português, mijam dois ou três!".

Esse Carlos me vem com cada uma, huahuahuahua.

Já que tínhamos uma hermana conosco, lembrei de uma música em espanhol bem animada que eu descobri na playlist que baixei no Spotify ainda em Madri.

Achei que seria apropriado, e coloquei "Me Voy De Viaje Solito" no volume máximo no celular.

Aí a letra traduzida, veja se não é mais que perfeita...

Me Voy de Viaje Solito

Estou viajando sozinho
É o que eu preciso hoje
Para conhecer mais lugares
Cidades, vilas e bares
Com rios, praias e mares

Eu sabia que esse dia chegaria, minha rotina diária
não aguenta mais
Eu não quero mais o escritório ou chama na
minha vida algo tem que mudar
Eu queria ir mais longe com a alma
E preconceitos não podem me parar por muito tempo

Quando chego em casa me sinto tão vazio
Eu não posso mudar o mundo
É melhor eu ir embora

E eu pensei sobre o problema
E eu acho que tem pessoas que sentiram algo parecido
É que estamos presos e trancados
Construindo os castelos de outra pessoa

E lá fomos os 3, cantando, sorrindo e dançando!

Que dia MARAVILHOSO!

Faltando 4 km para chegarmos na Catedral, uma encruzilhada e duas placas.

Esquerda, caminho mais longo. Direita, mais rápido.

- Carlos, hoje eu me sinto um touro, o que você escolher tá ótimo!

E lá fomos nós pelo caminho mais longo. Isso, garoto!

Pouco antes da 4 da tarde, estávamos diante da bela e imponente

Catedral de Santiago de Compostela.

E finalmente: Catedral de Santiago de Compostela

Sol a pino, peregrinos chegando e saindo, vários sentados contemplando aquela bela imagem.

De algum lugar vinha uma música escocesa daquelas gaitas de fole, que na minha opinião não combinava em nada com o momento.

Bem, você deve estar querendo saber...

E o que eu sentia?

É difícil descrever...

Eu queria muito te dizer que senti anjos descendo dos céus tocando harpa enquanto eu ajoelhava e lágrimas escorriam dos meus olhos.

Talvez fosse o clímax que você estava esperando...

Talvez esse fosse o clímax que EU estava esperando..

Mas esta não é uma obra de ficção, então não foi nada disso que aconteceu.

Eu tinha vivido experiências tão incríveis nos últimos 10 dias, que esta chegada para mim tinha até uma pontinha de frustração.

É claro que eu estava feliz... mas internamente eu já estava era com SAUDADES daquela nova, mínima e riquíssima rotina de peregrino.

Enfim... ali ficamos um tempo, conversando, tirando fotos...

Eu, Carlos e Mercedes... chegamos!

Até vi chegar todo o Grupo do Chapéu Molhado e, para variar, abracei calorosamente todos eles e ainda banquei de fotógrafo.

"Yesss. We made it!!!"

- Nós conseguimos!

Mas não havia muito tempo para ficar de bobeira por ali.

Precisávamos arranjar um lugar para dormir, e para variar a cidade estava entupida!

Depois de analisarmos algumas alternativas, ficamos com a mais barata (cerca de 20 euros por cabeça): o quartinho nos fundos de uma sorveteria!

Era o único quarto disponível, só tinha um beliche, cama de casal embaixo, de solteiro em cima.

Ainda pensamos em bater perna atrás de outra hospedagem, mas o cansaço e a fome já batiam forte e ainda tínhamos muito o que fazer.

A atendente também era caixa da sorveteria, e nos ofereceu um delicioso sorvete de cortesia. Era o que faltava para a decisão final.

Obviamente, eu e Carlos teríamos que dormir de valete.

Foi só o tempo de tomar o sorvete, arriar as mochilas e descer as ladeiras de volta à Catedral, na Oficina (escritório) da rua lateral.

Era tradição pegarmos nosso certificado de conclusão do Caminho, a Compostela.

Mercedes já tinha cumprido esta etapa da primeira vez, então estava ali mais para nos orientar.

Tentamos primeiro dar um "migué" usando uma entrada especial para peregrinos que partem da mesma origem e chegam em grupo. Mercedes descobriu essa prerrogativa.

Eu não estava muito confortável em tentar esse "jeitinho brasileiro", mas é isso que dá quando juntamos Brasil, Portugal e Argentina.

Resultado... nossa farsa foi descoberta.

Bastou fazer algumas perguntas e o senhor que organizava a parada viu que a gente estava mentindo.

Eu sabia que isso não ia dar certo, rsrsrs.

Lá fomos eu e Carlos para a fila, marcamos encontrar com Mercedes às 18h na frente da Igreja, para tentarmos juntos assistir a Missa do Peregrino.

Foi o tempo exato que precisamos.

E quando eu e Carlos andávamos apressados, adivinha quem está sentado em um bar, perto da Catedral e tomando CERVEJA?

JOHN!!!!
E Miriam!
E Stephan!

Meus "velhos amigos" chegaram a Santiago bem cedo e já tinham assistido a missa do peregrino ao meio-dia.

Já estavam ali, de banho tomado e totalmente de boa.

Cumprimentei-os com alegria, parte de mim queria sentar e cumprir o nosso acordo...

... mas isso já não parecia mais a coisa certa a se fazer.

Se eu ficasse ali teria que abandonar Carlos e Mercedes, o que não seria nem um pouco elegante da minha parte.

Sendo assim, tomei a minha decisão sem a menor dúvida.

"John, muito obrigado pela provocação que você fez de tomarmos essa cerveja juntos. Isto não saiu da minha cabeça.

Obrigado por acreditar em mim quando eu mesmo estava duvidando.

Seu desafio me fez estar aqui neste momento.

Mas infelizmente não tenho tempo para sentar aqui com vocês, essa cerveja vai ficar para o próximo Caminho, quem sabe...

Agora vou correr aqui junto com Carlos para encontrar nossa nova amiga Mercedes e tentarmos chegar a tempo na Missa.

Brindem por mim! Abraços meus amigos!".

E saí andando apressado.

Este foi o último minuto dos 4 amigos juntos.

Encontramos Mercedes e conseguimos entrar na missa, ufa!

Aproveitamos que o público estava todo focado na missa, e fomos direto atrás do altar na parte de baixo, ver o túmulo onde supostamente estão os restos mortais com os ossos do apóstolo Tiago.

Logo depois, pegamos uma pequena fila para subir as escadas que levam a parte de cima do altar.

Eu fui seguindo Carlos e Mercedes, nem sabia bem onde estava indo...

Era o tal do "abraço no apóstolo" que Carlos tanto falava!

Lá em cima fica uma imagem de São Tiago em tamanho grande, e é ali que acontece a tradição do abraço. Carlos estava muito ansioso por aquele momento, eu até filmei.

Logo depois foi minha vez. Isto não era algo que eu desejava fazer, mas já estava ali... então fui meio que por obrigação.

O mais interessante foi que, ao colocar a cabeça por trás do ombro direito da imagem, temos uma visão inteira e perfeita de tudo o que está acontecendo lá embaixo!

A missa já tinha começado, então a minha visão foi realmente muito bonita. Me senti um *voyeur* olhando algo proibido por um buraco de fechadura qualquer.

Novamente no térreo, obviamente não conseguimos mais lugar para sentar. Tudo lotado.

A sorte foi que exatamente no banco ao lado de onde estávamos, depois de uns 30 minutos, 3 pessoas levantaram.

Que alívio! Aqueles 3 lugares caíram do céu!

A Cerimônia do Botafumeiro é bem impressionante, parece cena de filme.

Padres vestidos de vermelho se juntam para lançar um incenso gigante preso em cordas grossas, enquanto toca uma bela música de igreja medieval.

E o incenso balançando para lá e para cá, quase batendo no teto.

A preparação do incenso, o culto a São Tiago e finalmente o abraço do apóstolo tão desejado por Carlos.

É bem bonito mesmo, mas confesso que eu não consegui me conectar emocionalmente com aquilo tudo.

Eu me sentia meio estranho, sei lá...

Depois da missa, uma missão...

Comer!

Estávamos imundos, suados, cansados, fedendo, para onde vamos?

Mercedes havia falado de um local que servia jantar comunitário, por cerca de 50 centavos de Euro.

Na sua segunda vez em Santiago, ela conheceu um cara que tinha sido roubado, estava literalmente sem lenço nem documento, e era lá que ele comia todos os dias.

Era quase 20 horas, fomos literalmente os últimos a entrar antes deles fecharem as portas.

Lá comiam pessoas de baixa renda, mendigos, peregrinos com pouca grana, não havia distinção.

Conseguimos pegar água fresca, sopa, iogurte, e pedaços de frango empanado e pão.

A gente até queria bater papo, conversar sobre o dia, mas cozinheiras e atendentes nos apressavam para acabar logo, pois já era hora de fechar.

Este jantar inusitado era muito diferente do glamour da chegada a Santiago de Compostela, que eu muitas vezes tinha imaginado.

Este é definitivamente o lugar e a refeição mais humildes que eu já tive na vida.

E foi perfeito.

Devidamente alimentados, agora finalmente teríamos um merecido banho.

Mas você pensa que fui para a cama? Negativo.

Deixei os meus amigos no quarto e fui dar uma volta para colocar gelo na canela e achar um wifi para dar notícias à família.

Na verdade, eu também queria ficar um pouco sozinho e processar melhor aquilo tudo.

Em uma travessa de pedras, encontrei um lugar silencioso que poderia me remeter a qualquer tempo na história medieval.

E brindei a mim mesmo. E à vida.

Uma travessa no tempo: Buen Camino!

Escrevo essas palavras exatamente dois anos após minha chegada a Santiago.

Passei todo esse tempo tentando decidir qual palavra resumiria este último e incomum dia de caminhada.

E passei por muitas palavras, meio clichês e óbvias como Vitória, Superação, Euforia, Conquista...

... outras não tão inspiradoras assim, como Vazio, Estranheza e Frustração.

Como vivi TODAS elas e mais tantas outras neste único dia, e desejo muito que essa leitura te inspire a fazer o SEU Caminho...

... não quero que qualquer palavra que eu escolha aqui gere expectativa sobre como será o dia da SUA chegada.

Por isso decidi representar minha chegada a Santiago de Compostela com um símbolo, um ponto de interrogação.

◆ ◆ ◆

DEPOIS DO CAMINHO: JOHANNES

Livre em Santiago de Compostela.

Acendi a lanterninha do celular para ajudar Mercedes, que estava praticamente no escuro tentando arrumar sua mochila para pegar seu *Bla Bla Car* de volta ao Porto.

Ela me agradeceu com um olhar e se despediu me entregando um presente: uma concha que havia catado em alguma passagem do Caminho.

Depois que Mercedes bateu a porta, vi que era 6:30 da manhã e eu ainda estava muito cansado. E o meu plano original de usar meu dia livre para ir até Finisterre num bate-volta de ônibus tinha perdido totalmente o sentido.

Sem saber, aquela argentina com aparência indígena, que em 3 semanas tinha chegado a Santiago de Compostela 3 vezes, me inspirou a não trapacear.

Decidi que no meu próximo Caminho de Santiago faria como ela e chegaria a Finisterre caminhando com minhas próprias pernas, como fizeram milhares de peregrinos ao longo de séculos de história.

Decisão tomada, e já que eu não tinha planejado absolutamente mais nenhum compromisso, voltei a dormir.

Quando abri os olhos já eram 10:30 e Carlos já estava de barba feita e saindo apressado para voltar à Catedral de Santiago para tentar finalmente se confessar com o padre.

Sem saber se nos veríamos novamente, trocamos Facebook para garantir comunicação futura, e nos despedimos.

Eu saí caminhando aleatoriamente até encontrar um lugarzinho legal para tomar um café.

Feito isso, de volta às ruas... e não é que fui parar na frente da Catedral?!

A missa do meio-dia estava perto de começar, e resolvi me dar esta nova oportunidade.

Logo na entrada encontrei Josefin, a alemã que na manhã anterior na pousada em Padrón tinha me ajudado a decidir entre usar botas ou papetes.

Consegui um bom lugar para me sentar e acompanhar toda a bela cerimônia.

Agora sim eu senti que cheguei a Santiago de Compostela!

E para ficar melhor, na saída encontrei Carlos que contou que seu sonho de se confessar com um padre em um daqueles confessionários centenários da Catedral havia se realizado. Parecia feliz feito criança.

Só não deu tempo para cortar o cabelo, aí também já seria demais né? Rsrss.

Voltei à pousada para pegar minhas mochilas e me transferi para um quarto alugado pelo Airbnb em um apartamento ali perto, onde eu passaria a minha última noite.

A anfitriã me levou a um quartinho aconchegante e cheiroso, só para mim! Não resisti e tirei mais um belo e merecido cochilo.

No meio da tarde saí comprar lembrancinhas para família e no meio do nada avistei uma figura alta e familiar:

- Johaness?

O italiano-alemão que foi meu colega de quarto em Redondela e que caminhava desde Lisboa também tinha chegado a Santiago na véspera.

Ele procurava um caixa eletrônico para tirar dinheiro e também um correio, pois tinha o compromisso de enviar cartões postais para sua família a cada cidade que visitasse.

Contei a ele que eu estava em busca de presentes para a família e resolvemos fazer companhia um ao outro.

Em uma lojinha de jóias comprei uns brincos de concha de pedra verde para Larissa.

No caixa, aproveitei e pedi à gentil senhora informações sobre a melhor forma de chegar ao aeroporto no dia seguinte, às 5 da manhã. Eu não tinha pesquisado nada sobre isso.

Por coincidência (?), seu ex-marido era taxista. Ela não só me passou o seu cartão, mas ligou para ele, passou o endereço do "meu ap"e já deixou tudo combinado.

Valeu Santiago! Mais uma vez o Caminho apresentava a solução para qualquer situação.

A essa altura eu já tinha comprado presentes para todo mundo da minha lista, só faltava euzinho aqui.

Vi várias camisas azuis com setas amarelas que, apesar de bonitas, me pareciam clichê demais. Eu queria algo mais único, pessoal.

Bati o olho em uma camisa verde com um pegada de bota e uma pequenina frase de 4 palavras que mais na frente eu te conto quais são. É esta!

No caixa, comprei dois pequenos *bottons* (aqueles pins com um alfinete para encaixar no tecido), este sim com setinhas amarelas, e dei um deles de presente a Johaness agradecendo a paciência de estar comigo enquanto eu procurava aqueles presentinhos.

Ele pareceu surpreso com o inesperado presente e fez questão de retribuir me pagando um chopp assim que conseguisse tirar dinheiro e enviar seu cartão postal!

Depois de algumas voltas, inclusive em regiões mais afastadas do centro da cidade... missão cumprida!

E logo encontramos um boteco simpático com mesas na rua, apenas uma delas livre com duas cadeiras perfeitas para nós.

Papo vai, papo vem, falamos sobre os livros que ambos pretendíamos escrever. Confessei a ele minha ideia de dedicar cada capítulo a um peregrino do caminho - e que o dia 11 não estava mais em aberto. Ele entendeu.

E aí, aquele cara de 1.90m que já sabia falar italiano, alemão, francês, inglês e espanhol me fez mais uma revelação:

- Serge, preciso te contar uma coisa. Eu não podia te dizer isso, um dia eu te conto o motivo, mas quero que você saiba que eu também falo português.

UAU... esse cara é um extraterrestre!

Johaness, o peregrino professor poliglota

Fiquei me coçando de curiosidade para saber o motivo dele não ter me dito isso antes, pois poderíamos ter conversado em português desde Redondela... mas esse mistério até hoje não foi esclarecido.

(Bem... eu tenho o email dele, posso tentar descobrir depois que avisar que publiquei o livro).

Já era final da tarde e Johannes tinha algum motivo especial para voltar à Catedral e assistir a última missa do dia.

Terceira missa? Não, obrigado... é demais pra mim.

Nos despedimos na porta da Catedral e, na subida da escada lateral, várias pessoas assistiam um casal se apresentando cantando ópera.

Avistei os alemães Stephanie e Miriam, trocamos olhares,.

Em outros momentos eu teria feito a maior festa e faria a proposta de tomarmos uma cerveja.

Não sei explicar porque agi desta forma, mas apenas acenei com a cabeça, soltei um sorriso amarelo e segui adiante.

Já no ap, tomei um bom banho e deixei a mochila arrumada para a manhã seguinte.

Quando bateu fome, fui dar uma volta e me senti atraído para uma hamburgueria artesanal bem transada que ficava em um local de pedras que no passado parecia ter sido uma taberna antiga.

Talvez sob efeito das quatro cervejas, por vezes eu me imaginei ali bebendo e falando alto numa fusão de tempo e espaço que remetia à Idade Média, nos anos mil quatrocentos e bolinha.

Acho que sorri algumas vezes nessa minha viagem só.

Como, bebi e fui dormir.

O RETORNO: ANDREA (DE NOVO?!)

Santiago de Compostela - Madri - Salvador.

Acordei bem cedinho, dei aquela arrumada final da mochila e depois de 4 dias voltei a calçar minhas botas, que decidi chamar de "As Marias".

O taxista chegou exatamente na hora marcada e eu logo estava no aeroporto para pegar o primeiro vôo, de volta a Madri.

E eu, já pensando que Santiago já tinha acabado com tantas surpresas, não é que na fila do *check in* eu encontro a alemã Andrea...

... aquela que tinha uma grande pedra para colocar uma das cruzes do caminho e com quem tive a minha melhor refeição em um banco de praça?

Lá vamos nós outra vez, Santiago!

Ela me contou que estaria no mesmo voo junto com suas duas (argh!) amigas (as *Dark Walkers*), mas elas estavam brigadas, sem se falar. Também pudera, quem aguenta?

Nos encontramos de novo em Madrid e perbebemos que ambos tínhamos uma longa espera, pois nossos voos eram mais pro final da tarde.

Andrea disse que havia pensado em passar o dia em Madri, "será que dá tempo, Serge?".

Lembrando dos dias que tive com Larissa antes de iniciar meu Caminho, fiz os meus cálculos, montei um roteiro e vamos nessa! Serei seu guia!

Pegamos o metrô em direção a Plaza Del Sol.

Passamos um dia fantástico caminhando, conversando, visitando alguns pontos turísticos, como se fôssemos velhos amigos.

Passando ao fundo do jardim do Palácio Real de Madri

Eu me admirava como Andrea tinha um olhar quase infantil, e identificava a beleza nas coisas mais simples como uma flor, um artista de rua tocando violão ou os peixinhos em um lago.

E quando ela parava para contemplar, apreciar esses momentos, era como se o tempo parasse. E eu a observava sorrindo vivendo totalmente o agora.

"Tenho que aprender a ser como ela", eu pensava.

Quando bateu fome, fomos na tradicional e centenária San Ginés comer churros e chocolate quente.

Pedi desculpas pela intromissão e perguntei a Andrea porque naquele dia na Cruz de Labruja ela me disse que era enorme a pedra que hoje ela carrega.

Ela contou que seu marido era bem mais velho e tinha um problema sério de saúde, que eu não consegui entender direito exatamente qual era.

Ele tinha uma dificuldade cada vez maior de subir escadas, mas o quarto deles ficava na parte de cima.

Para piorar, eles moravam em uma casa com pé direito bem alto (isso permitia que ela cultivasse plantas enormes) em um bairro bem localizado em Berlim (mas onde o custo dos imóveis era cada vez mais alto).

Eles precisavam encontrar outro local para morar que reunisse todas essas características:

- O quarto precisa ser no piso inferior...

- O pé-direito tem que ser alto, para ela cultivar suas plantas...

- O bairro deve ser bom, e não tão longe do centro..

- E tem que caber no orçamento!

Acontece que há meses eles vinham tentando resolver essa sinuca de bico, e Andrea se mostrava realmente triste porque parecia impossível evitar abrir mão de alguma coisa tão importante para ela. A não ser que algum milagre acontecesse.

Esta era sua pedra.

Confesso que no meu ponto de vista não era tão ruim assim, mas.... vai saber né?

Ouvindo sua história, era inevitável não pensar também minha pedras: uma empresa recém-falida, casamento passando por dificuldades, últimos anos turbulentos no meu "emprego normal", o dilema de solicitar uma licença não remunerada para empreender (e colocar a segurança e conforto da família em risco)...

Não dá para comparar o tamanho das pedras de ninguém.

Bem, só me restava dizer algumas palavras de incentivo, e que torcia para tudo se ajeitar da melhor forma.

Cumprindo um cronograma perfeito, voltamos ao aeroporto ainda com folga.

No portão do meu embarque, nos demos um silencioso e caloroso abraço, invadidos por uma gratidão imensa impossível de se traduzir em palavras.

Transformamos um dia provavelmente entediante e vazio dentro de um aeroporto por um bom papo entre amigos, e um passeio pela belíssima Madri.

9 horas depois, eu e meus fiéis companheiros Labruja, Marias, Dolores e Gerry chegamos à minha amada Salvador!

No meu peito, uma pisada de bota e no cantinho a pequena frase *You never walk alone.*

Você nunca anda sozinho.

ACABOU... E AGORA?

"Tenho muita vontade de fazer esse Caminho!"

Essa é uma exclamação muito comum das pessoas, quando conto que fiz o Caminho Português de Santiago de Compostela.

- E o que você está esperando?

Talvez você nunca tenha pensado nisto... até começar a ler este livro.

Agora que chegou ao final, se você sente que O Caminho está te chamando.... é hora de transformar seu desejo em AÇÃO.

Que o fim deste livro ajude você a iniciar aquele NOVO CAPÍTULO que você tanto quer para sua vida.

E você se de alguma forma sentiu inspirado por este Antiguia, quero te pedir 3 pequenos favores:

1. **Deixe suas estrelinhas e comentário na Amazon!**

Sua opinião pode ajudar outros leitores a buscarem sua "viagem só".

2. **Indique este livro!**

Tenho certeza que durante a leitura você pensou em colegas de trabalho, familiares ou amigos que podem se identificar com essas histórias.

Mais ainda, por sua influência talvez alguns deles resolvam fazer o Caminho de Santiago. É muito legal ter com quem conversar e trocar ideias.

3. **Me conte sua experiência!**

Ficarei muito feliz em ouvir suas impressões sobre o livro e te ajudar de alguma forma com o Seu Caminho.

Ah... se você fizer o Caminho de Santiago, sugiro que desconecte ao máximo das tecnologias e VIVA o presente.

Mas ao retornar... me conte como foi! Mande e-mail um e-mail para serge.rehem@email.com com título iniciado por "Minha Viagem Só..." e pode *sentar o dedo* no texto :-)

Se quiser também pode me marcar no instagram @serge_rehem, conversar comigo no direct e publicar suas fotos com a hashtag *#UmaViagemSó*.

Buen Camino.

SOBRE O AUTOR

Serge Rehem

Serge Rehem é analista de sistemas, empreendedor e fez o Caminho Português de Santiago de Compostela em 2018.

Sua missão é ajudar pessoas a ampliar seus horizontes a libertar sua melhor versão.

Este é seu primeiro livro, mas talvez não seja "um livro só" (afinal, ainda pensa em fazer os 800 km do tradicional Caminho Francês ;-)

Made in the USA
Columbia, SC
04 February 2023

11027357R00122